Afrodisíacos
recetas **para amar**

Afrodisíacos
recetas **para amar**

José Antonio Fidalgo

EVEREST

Autor: José Antonio Fidalgo Sánchez

Fotografías: Mikel Alonso
Elaboración de platos: Pablo Jiménez

Dirección editorial: Raquel López Varela
Coordinación editorial: Aizkorri argitaletxea, S.M. y
 Angeles Llamazares
Diseño de la colección: Luis Alonso
Tratamiento digital de imágenes: David Aller y
 Ángel Rodríguez
Maquetación: Luis Alonso

No está permitida la reproducción total o parcial de este libro, ni su tratamiento informático, ni la transmisión de ninguna forma o por cualquier medio, ya sea electrónico, mecánico, por fotocopia, por registro u otros métodos, sin el permiso previo y por escrito de los titulares del *Copyright*.
Reservados todos los derechos, incluido el derecho de venta, alquiler, préstamo o cualquier otra forma de cesión del uso del ejemplar.
La infracción de los derechos mencionados puede ser constitutiva de delito contra la propiedad intelectual (arts. 270 y ss. Código Penal). El Centro Español de Derechos Reprográficos (www.cedro.org) vela por el respeto de los citados derechos.

© José Antonio Fidalgo Sánchez
y EDITORIAL EVEREST, S. A.
Carretera León - La Coruña, km 5 - LEÓN
ISBN: 84-241-8824-1
Depósito Legal: LE: 248-2005
Printed in Spain - Impreso en España

EDITORIAL EVERGRÁFICAS, S. L.
Carretera León - La Coruña, km 5
LEÓN (ESPAÑA)

www.everest.es
Atención al cliente: 902 123 400

ABREVIATURAS:

cs = cucharada sopera

ct = cucharadita de té

g = gramos

l = litros

Índice

9	Prólogo
11	Cocina y amor. La leyenda
13	El concepto
16	Una clasificación de afrodisíacos
19	Feminidad y masculinidad en la cocina
23	¿Por qué una cocina afrodisíaca?
24	La importancia de los aromas
27	Dos aromas sexualmente embriagadores: almizcle y pachuli
28	Perfumes y atracción sexual
30	Las especias
35	Recetario

37	**El amor en lo vegetal**
40	Cebollas rellenas para "el día después"
42	Crema de yogur al ajo con pepinos y aromas de menta y eneldo
44	Espárragos rellenos de anchoa sobre fondo de lechuga y perejil
44	Espárragos trigueros con picardía de trufas
46	Milhojas de setas, *magret* de pato y manzana
48	Quesada de jojotos y espárragos
49	Berenjenas rellenas
50	*Ratatouille* de amor primaveral
52	Setas y almejas en salsa verde
54	Sopa de cebolla del Dr. Pomaine
57	Sopa de puerros con almejas
57	*Vichyssoise* de tomate al aroma de albahaca
59	**Tentación: pescado y marisco**
63	Alcachofas con almejas
63	Almejas al natural
65	Brochetas de langostinos y ciruelas pasas
65	Cigalas y langostinos en gratinado de dos salsas

66	Creps con relleno de marisco	108	Plátanos al aroma de ron y grosella
68	Lubina al horno con salsa de avellana al azafrán	111	Sorbete de limón al cava
71	Mejillones con picardía picante	112	Sorpresa de helado, melocotón y grosella
72	Ostras al natural		
74	Rape alangostado sobre *crudité* de zanahoria y achicoria		
77	Salmonetes al aroma de hinojo		

Vinos, elixires, licores, filtros del amor

117	Ratafía de hojas de guindo
117	Rosolí de Turín
118	Elixir de amor
118	Elixir de la alegría
119	Leche de Venus
119	Licor de pétalos de rosas

El placer de la carne y de los huevos

82	Pollo a la parrilla en adobo oriental
85	Conejo en salsa de avellanas
87	Pato con guarnición de verduras y salsa de chocolate
87	Codorniz en sumo placer
89	Pichones con setas de primavera y piñones
90	Liebre al gusto cortesano
91	*Soufflé* de sesos y tuétano de ternera

¡Qué dulce es el querer!

97	Crema de manzana al caramelo
98	Ensalada oriental de naranjas
101	Espuma de mango
101	Buñuelos de manzana a la canela
102	Helado de vainilla y cerezas al *Kirsch*
104	Macedonia de frutos del bosque
107	Piña natural y dátiles al aroma de Oporto
107	Piña natural con helado de vainilla y baño de licor

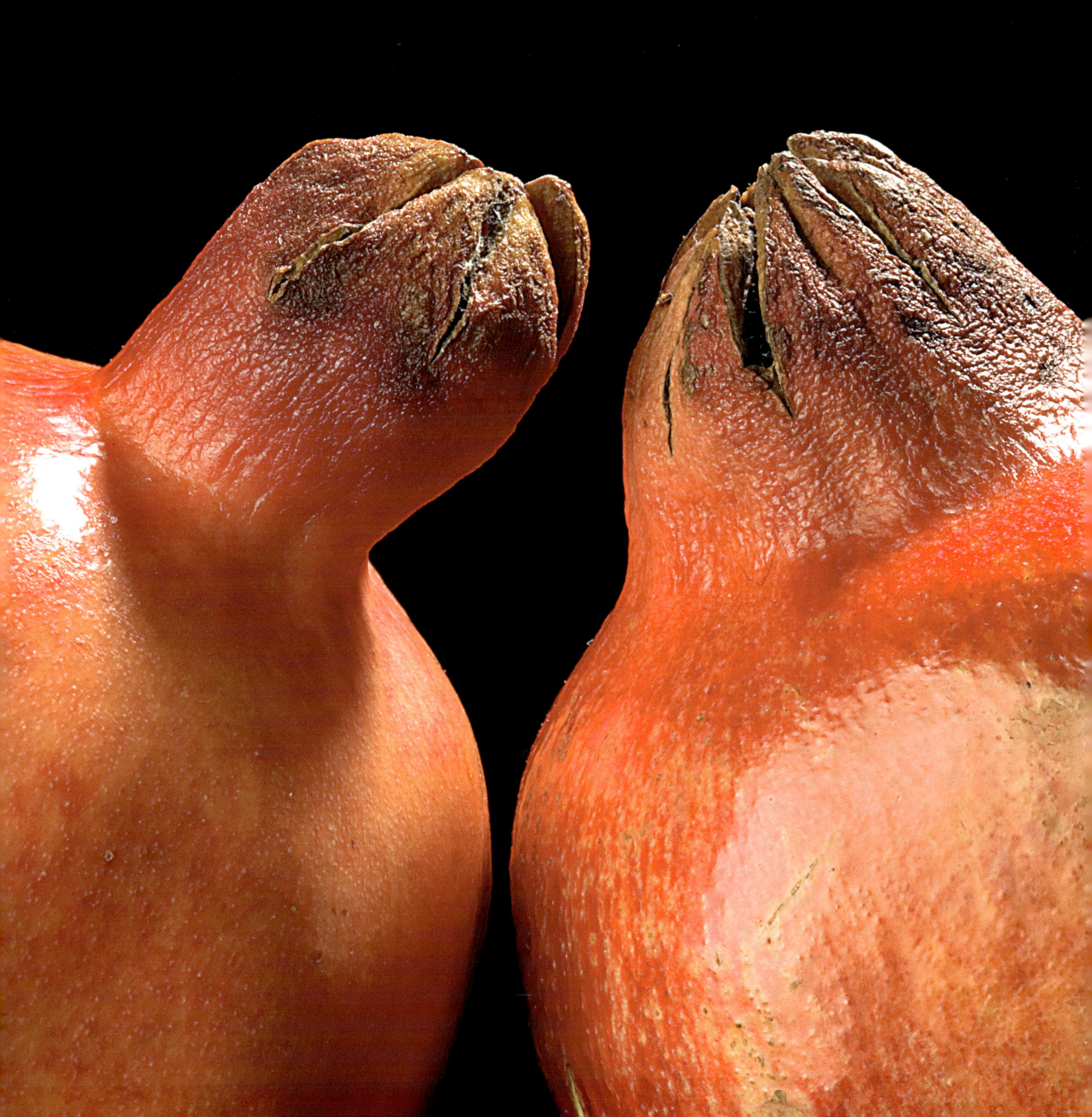

Prólogo
Cocina para amar

Se ha escrito mucho, y francamente con escaso rigor científico, sobre la relación amor-alimento intentado ofrecer un panorama, o un recetario, que abarcase todos aquellos aspectos incidentes en una estimulante acción erótica, consecuencia de una previa acción nutritiva.

También se ha escrito que para conocer el comportamiento de unas gentes, en un pueblo en concreto, es preciso conocer antes los modos y tradiciones de su conducta alimentaria. Escribir un libro de cocina para amar supondría, nada más y nada menos, que efectuar un recorrido por todas las diferencias de sensibilidad, de conducta, de expresión, y hasta de clima, que se observan en las múltiples y diversas culturas de nuestro mundo.

Es tarea poco menos que imposible –máxime si se desea recoger en un libro de paginación limitada–, pero que habrá que abordar, paso a paso, en un futuro muy próximo.

Vivimos tiempos de globalización. Tiempos en los que el amor, como la economía y la política, camina hacia una revolución total, planetaria incluso, donde ya no existen tabúes que premien o satanicen tal o cual comportamiento y en los que las nociones de raza, nación, sexo, religión, patria… afloran desde unos contornos rígidos, ya caducos, para configurar un amplio espectro de universalidad.

Busquemos, pues, una cocina universal del amor, una cocina erótica donde se hermanen ciencia y tradición, costumbrismo y modernidad. Un libro de historia culinaria erótica que, fundamentado en culturas diversas, nos conduzca a un sentimiento de amor sin fronteras.

Un libro diseñado con mucho amor… para amar.

Cocina y amor. La leyenda

Si el Sol, admirado y adorado -en definitiva, divinizado- como la más importante de las fuerzas vivas naturales y la más visible de todas ellas, fue, como dice Plinio, proclamado *principale naturae regimen ac numen*, y, en frase de Cicerón, *mens mundi et temperatio*, la Luna resume y encierra en su esencia la idea universal de fertilidad y de fecundidad. En ella se localiza esa divinidad femenina que atesora los dones de vida universal y de amor; de belleza, hermosura y generación; de la tierra y de los mares… Es la que nace (*genos*) de la blanca espuma (*aphros*) del oleaje o navega por el mar viajando sobre una concha que, a modo de barca, con su quilla rompe (*dyte*) estelas de espuma.

Esa es Afrodita, la diosa de la hermosura y del amor, del mar y de los navegantes, de la fecundidad y de la vida universal. Afrodita a la que los romanos llamaron Venus.

Afrodita, por ser diosa de la belleza y del amor, ejerce también divinidad y patronazgo sobe todos los aspectos que aquéllos abarcan o suponen: el instinto sexual, los sentimientos amorosos honestos y… deshonestos, la casi ilimitada variedad de pasiones, que va desde la llamada normalidad hasta las más perversas aberraciones. Afrodita como diosa del matrimonio honesto recibe el sobrenombre de Ninfia; si es diosa de unas nalgas hermosas, Calipige; si protege a las prostitutas, Hetera; si ampara al amor vulgar, Pándemos…

A ella, como diosa del mar, le estaban consagrados el cisne, el delfín y la concha; como diosa de la vegetación, la rosa, la granada, la manzana y el mirto; como diosa del amor, el macho cabrío, el carnero, la liebre, el conejo, la paloma, el gorrión y otros animales de instintos amorosos o sexuales muy definidos.

Y con Afrodita-Venus, Eros-Cupido.

Eros, en las más antiguas mitologías helénicas es dios que coordina todo el devenir del mundo y que asegura, como divinidad del amor, la perpetuación de la vida. El correr de los tiempos, con los consiguientes cambios en leyendas y mitos, hizo de Eros, en unos casos, el compañero de Afrodita, y en otros -los más generalizados- su hijo. Un dios del amor al que Eurípides describe como lleno de pasión *"contra el que no hay lucha posible, armado de flechas inevitables, de más terribles efectos que el fuego y el rayo de los cielos"*.

Los grandes genios de la pintura -y esto desde tiempos anteriores al Renacimiento- han representado a Eros-Cupido como un niño rechoncho de gran belleza, que porta un carcaj, arco y flechas con los ojos vendados, y que hace sonar una flauta o una lira. Sus alas -siempre las alas- le dan aire de versatilidad, de un ir de acá para allá sin saber hacia dónde, de imprevisión, de espontaneidad…

Lope de Vega (1562-1635), nuestro gran poeta y dramaturgo del Siglo de Oro, nos habla así del amor y de sus efectos:

Desmayarse, atreverse, estar furioso;
áspero, tierno, liberal, esquivo;
alentado, mortal, difunto, vivo:
leal, traidor, cobarde y animoso;

no hallar, fuera del bien, centro y reposo;
mostrarse alegre, triste, humilde, altivo;
enojado, valiente, fugitivo;
satisfecho, ofendido, receloso.

Huir el rostro al claro desengaño,
beber veneno por licor suave,
olvidar el provecho, amar el daño;

creer que un cielo en un infierno cabe,
dar la vida y el alma a un desengaño.
Esto es amor. Quien lo probó, lo sabe.

Ya en el siglo XX, Rafael Duyós Giorgeta, poeta y médico, sintetiza todo el simbolismo amatorio que encierran Eros y Afrodita:

Ese perfume de tu piel que inunda
los poros de la mía si te abrazo,
deja en mi sueño el venturoso trazo
del rosal que a mi mano se fecunda...

Otra cosa no soy, sino profunda
semilla, polen sobre tu regazo,
estambre de clavel que aprieta el lazo
que te injerta a mi carne vagabunda...

Hueles, Amor, igual que los jardines
de mi Levante moro de azahares...
Hueles, Amor, a algas de mis mares
revolcada en la arena entre jazmines...

Y a nardo, a huerta, a estío en los pinares,
¡y a la espuma que anuncia a los delfines!

Jazmines, claveles, espuma de oleaje..., retornos de amor que canta Rafael Alberti:

Vamos, amor, por calles que se fueron,
por claras geometrías que llevaban
al misterioso amor, a los placeres
vedados, pero dulces en la noche.

Esta es la casa de la diosa. Aspira
por los azules ámbitos su aroma
a espuma marinera a los jazmines
y claveles salados de su cuerpo.

....

Afrodita en penumbra se sonríe
sintiendo el mar batirle entre los muslos.

El concepto

Dos son las palabras, utilizadas frecuentemente como sinónimos, que se relacionan con el amor y la sexualidad: erótico y afrodisíaco. Dos palabras con una finalidad aparentemente similar, pero con un bagaje conceptual muy diferente.

Aunque algunos autores entienden el erotismo como una pasión fuerte de amor e incluso como un amor sensual exacerbado, asignándole al vocablo erótico el significado de perteneciente o relativo al amor, lo más correcto sería definirlo como la exaltación del interés sexual mediante productos o dispositivos que conduzcan a una experiencia sexual placentera, incluido el orgasmo. De ahí que todo aquello que excite, en mayor o menor grado, los sentimientos y experiencias sexuales de las personas puede considerarse como erótico, siendo muy difícil -como norma general- el delimitar la frontera que separa lo erótico de lo pornográfico. Límite que es muy definido para una persona en concreto y que está condicionado por su cultura, por la sociedad en la que se desenvuelve y, lógicamente, por su propia psicología.

Hay libros, revistas y fotografías eróticas; hay dispositivos (eléctricos y mecánicos) eróticos; hay películas y fotogramas eróticos; hay objetos con tallas y representaciones eróticas... porque el erotismo, considerado en sí mismo, no es explícitamente sexual, basta con que lo considere sexual la persona en concreto que vive una experiencia concreta.

Evidentemente un producto-alimento, bien sea por su forma o aspecto, o por la posible pasión amorosa que excite, también puede ser considerado como erótico.

El concepto de afrodisíaco define a un algo muy concreto: es toda sustancia que tiene la propiedad de aumentar el deseo e impulso sexuales, y, en consecuencia, incrementar el placer (y también el tiempo) del propio acto sexual.

¿Existen realmente sustancias afrodisíacas?

La ciencia actual parece dar una respuesta negativa a esta pregunta.

Todas las experiencias científicas realizadas al respecto confirman que si bien existen sustancias que aparentan potenciar el deseo sexual, lo que realmente consiguen es estimular la inhibición de la persona ante determinadas situaciones o sentimientos. Otras pueden, por sus efectos irritantes, provocar una cierta hipersensibilidad en la vejiga y en la uretra con la consiguiente irrigación (y posterior hinchazón) de los vasos sanguíneos asociados, lo que muchos interpretan, con un claro error, como un estímulo de los genitales. Finalmente, una amplia mayoría de sustancias llamadas afrodisíacas únicamente ejercen un efecto placebo en quien las ingiere; efecto que, a modo de un retablo de maravillas, se comenta entre amigos y conocidos, se aumenta en contenido de narración y termina convirtiéndose en mito repleto de veracidad contrastada.

Sirvan como ejemplo estas sustancias consideradas afrodisíacas:

Alcohol etílico. Se ha dicho que el alcohol etílico, ingerido en dosis muy moderadas, aumenta el estímulo y la respuesta sexual de quien lo toma; máxime si se consume en forma de bebida espumosa (ejemplo: cava, champagne) y en un ambiente propicio (penumbra, música suave bailable, después de una cena placentera, compañía atractiva y atrayente...).

En realidad, el alcohol etílico, en dosis muy modernas, reduce aquellas inhibiciones que la persona por mor de su educación y cultura posee, y permite, en consecuencia, una gran liberación de los deseos (por ejemplo, sexuales) reprimidos.

Una ingesta de etanol en dosis altas, por ser esta sustancia depresora del sistema nervioso, dificulta y hasta llega a impedir una respuesta sexual satisfactoria.

Yohimbina (*yoimboa, yumbehoa*). Se trata de un alcaloide que se encuentra en la corteza y en las hojas del árbol africano yohimbó o yohimbé (*Corynanthe Johimbé; Pausinystalia yohimba K. Schum*), de la familia de las rubiáceas. Este alcaloide es un eficaz dilatador de los vasos sanguíneos, y tiene aplicación para tratar aquellos casos donde se aprecia una disfunción eréctil del pene, no para corregir situaciones que impidan el deseo sexual.

Polvo de cantárida. La cantárida es un insecto coleóptero del que abundan diversas especies, siendo muy frecuente en España la llamada cantárida común (*Lytta vesicatoria L.; Meloe vesicatorius L.; Cantharis vesicatoria L.*), también conocida vulgarmente como mosca española o mosca de España. En estos insectos, localizada fundamentalmente en sus glándulas sexuales, existe una sustancia vesicante llamada cantaridina a la que por su acción irritante sobre el aparato urinario (vejiga y uretra) se le asignó un cierto carácter afrodisíaco.

Para administrar este producto se secaban los insectos, y después de machacados y reducidos a polvo, se mezclaban, siempre en pequeñas dosis, con los alimentos que se ofrecían, buscando con ello un aumento o exaltación del deseo sexual. Y si bien en ocasiones se conseguía una más rápida y más duradera erección del pene, en la mayoría de casos se llegaba a una situación de alto riesgo, cuando no a estados de muerte.

Fármacos. En estos últimos años han aparecido en el mercado farmacéutico ciertos productos, que algunos interpretan erróneamente como afrodisíacos, cuyo objetivo es el tratamiento de la disfunción eréctil (ED) masculina, situación que se manifiesta con cierta relevancia a partir de una edad relativamente avanzada o en situaciones derivadas de determinadas dolencias, o como consecuencia del uso de ciertos medicamentos.

Es sabido que la erección tiene lugar cuando, merced a ciertos estímulos psíquicos y físicos, el flujo de sangre genital se desvía hacia los cuerpos cavernosos del pene, y éste, en consecuencia, aumenta en tamaño y dureza. Normalmente la erección finaliza después del orgasmo a causa de un enzima, la fosfodiesterasa-5 (PDE-5), que regula el flujo normal de la sangre genital.

En general esos fármacos *milagrosos* actúan como inhibidores de la PDE-5, posibilitando erecciones más acusadas y de duración más prolongada que, en ocasiones, van más allá del orgasmo. Tales productos fundamentan sus efectos en la acción del alprostadil (Caverject®- Pharmacia & Upjonh, S. A.), que se administra como inyección en los cuerpos cavernosos del pene; en la del silnadefilo (Viagra®-Pfizer, S.A.), tadalafilo (Cialis®-Lilly) y la del varnedafilo (Levitra®-Bayer, S. A.), que se toman por vía oral en forma de comprimidos; y en la de la apomorfina (Uprima®-Abbot, S. A. y Taluvian®-Esteve, S. A.), que se suministran como comprimidos para su absorción sublingual.

Evidentemente, el logro de una erección requiere una clara y previa situación de estímulo sexual; es decir, una adecuada dosis de erotismo. O, dicho de otra manera: estos fármacos solamente actúan si se da una situación de estímulo, independiente de que se tome o no una medicación para la DE.

Una advertencia: la automedicación, que siempre es desaconsejable, en estos casos puede resultar peligrosa, pues sin un adecuado control médico son posibles casos de priapismo, infección, hemorragias e interacción con otros fármacos que la persona consuma a causa de otras dolencias.

Después de todo lo explicado, ¿quiere esto decir que no existen sustancias afrodisíacas, en el sentido total del término?

La única respuesta es... que no hay respuesta.

Lo lógico es pensar -mejor, suponer- que deben de existir sustancias que, por su acción bioquímica, influyan en aquellos centros cerebrales que controlan y determinan los impulsos y la actividad sexuales. La ciencia y la experiencia -además de las exigencias del mercado- pueden impulsar una investigación seria en este sentido.

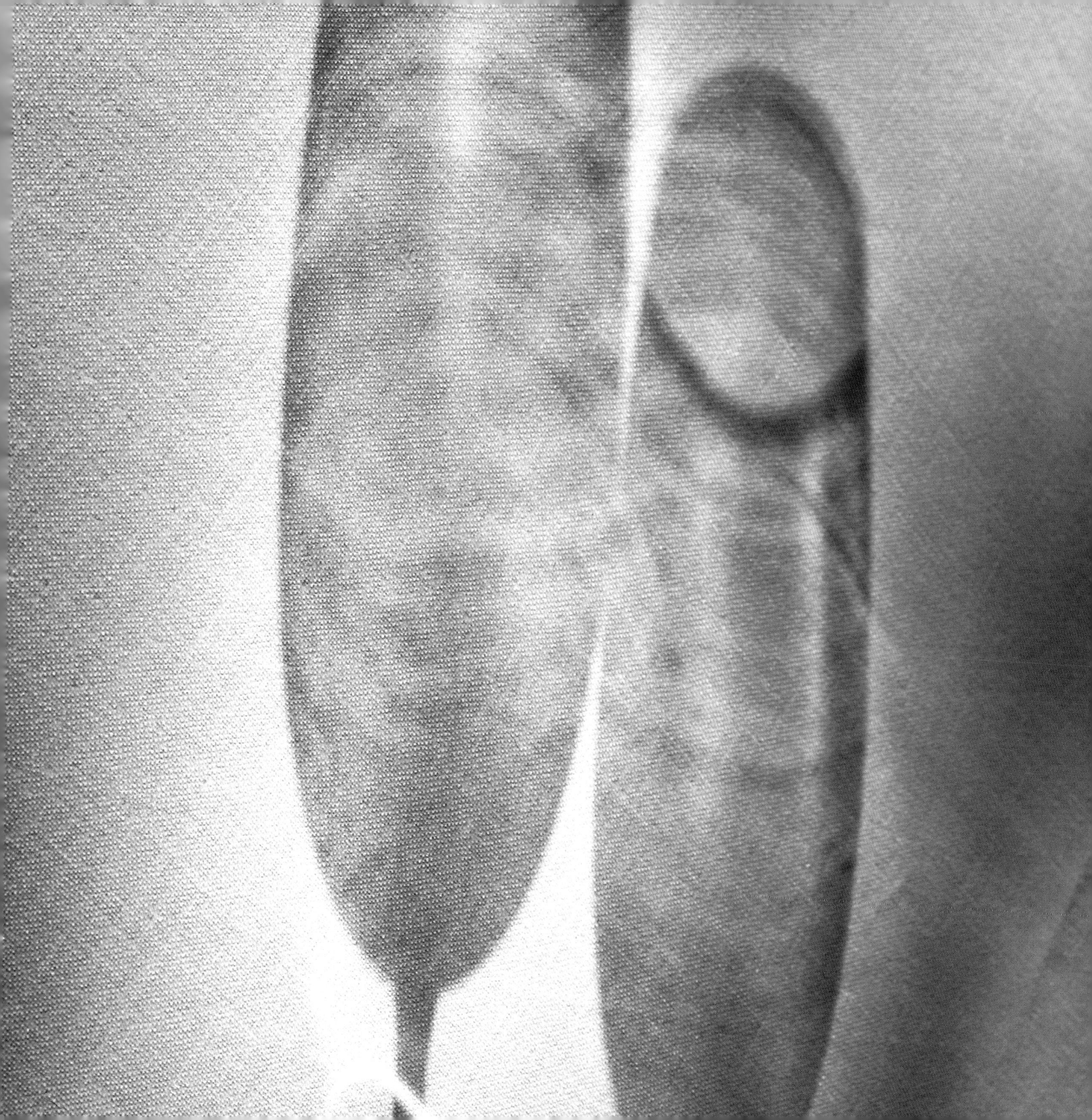

Una clasificación de afrodisíacos

Todas las culturas, y esto desde los tiempos más antiguos, han mostrado un interés especial sobre lo que representa la sexualidad, tanto en orden de consecución de placer como de supervivencia de la especie. La orden bíblica "creced y multiplicaos" va más allá de lo puramente vegetal y animal para adentrarse en la región de lo espiritual.

Espíritu y materia. Alma y cuerpo.

He aquí el primer afrodisíaco. El que ya la vieja medicina y la más antigua alquimia recomendaban en su laconismo latino: *"mens sana in corpore sano"*. Todo lo sexual -deseos, impulsos, actos- requiere un cuerpo sano y una mente sana.

Una buena salud es, por tanto, el primer afrodisíaco.

Pero, ¿qué es la salud?

Es difícil definir este concepto relacionándolo exclusivamente con la ausencia de enfermedad. En general, puede entenderse como un individuo sano aquella persona que no padece defectos físicos o psíquicos, e incluso sociales, de tal modo que pueda desarrollar una vida entendida como normal. Desde este punto de vista la palabra salud exige, primeramente, la no existencia de enfermedad física o mental y, además, la presencia de otros factores (culturales, sociales, económicos, lúdicos...) que contribuyan al bienestar de la persona.

Evidentemente, una alimentación completa, variada, sana, atractiva, apetitosa y placentera puede ser un afrodisíaco de suma importancia.

Aunque desde tiempos antiquísimos -que obligarían a remontarnos a culturas asirio-babilónicas, chino-indias, persas, y, ya en épocas más cercanas, a la clásicas griega y romana- lo afrodisíaco ocupó estudios y experiencias a médicos y cocineros, no fue hasta los siglos XVII-XVIII cuando se intentó una clasificación científica de las sustancias afrodisíacas.

El honor le cupo al médico suizo Juan Jacobo Manget (Ginebra, 1652-1742). Autor de obras médicas de singular importancia en la época, es en una de ellas, la titulada *Bibliotheca medico-practica, qua omnes homini corporis morbosae affectiones, artem medicam propius spectantes explicantur* (Ginebra, 1695-98), donde el investigador cataloga y distingue los diversos afrodisíacos.

Éstos pueden ser:

Higiénicos, si conducen al logro de un buen estado general de salud, y, con él, a un deseable equilibrio psíquico, moral e intelectual.

En este sentido, para Manget son afrodisíacos los tranquilos paseos al aire libre, la lectura agradable, el estudio reposado sobre los temas que apasionan a una persona, la higiene corporal, las conversaciones placenteras en un ambiente íntimo con la persona amada... y, por supuesto, la alimentación; una alimentación que él estima como sustanciosa y que aconseja esté basada en caza, pescados, mariscos (especialmente moluscos), trufas y sesos.

Tópicos o exteriores, si suponen una acción externa sobre los genitales, ejercida siempre en forma muy suave y con el único fin de proporcionar un deseo que conlleva a la práctica sexual. Entre ellos destacan los masajes, los linimentos de sustancias afrodisíacas, la urticación, la calefacción de la zona e incluso llega a preconizar una faradización cutánea (empleo de ligerísimas descargas eléctricas), detalle que fue posteriormente confirmado por el inglés J. Althaus (*A treatise on medical electricity*) en 1859.

Más aún, Manget interpreta que ciertas acciones mecánicas, que son consecuencia de determinados deportes (como la equitación), trabajos (alfarería con torno alfarero, costura con máquina de pedal...) o situaciones (trepidación de carruajes y, hoy, de trenes...) actúan directamente sobre los genitales acrecentando el deseo sexual.

Medicamentos, si sus efectos se originan por la acción de determinados principios activos existentes en las sustancias o productos ingeridos. Entre éstos cita como muy interesantes: las especias (canela, vainilla, jengibre, pimienta…), el ámbar, el musgo, el alcohol, el fósforo, el opio, el almizcle, la cantárida, el catecú, el ginseng… Advierte también cómo algunas de estas sustancias, que en pequeñas dosis despiertan el deseo sexual, pueden anularlo si se ingieren en dosis excesivas e, incluso, son capaces de originar dolencias muy graves.

Evidentemente, una sabia combinación de alimentos sustanciosos y estimulantes naturales del deseo sexual, envueltos en un ambiente íntimo, cómodo y placentero, propiciarán un verdadero estado de felicidad.

Feminidad y masculinidad en la cocina

El descubrimiento del fuego supuso un cambio radical en la vida y costumbres de las gentes primitivas, especialmente las referidas a sus hábitos culinarios. Merced al fuego la humanidad pudo trabajar los metales (obtención, tratamiento, forja...) con la consiguiente fabricación de lanzas, hachas, cuchillos... (lo que en cierta medida facilitó las labores agrícola-ganaderas y de caza) y el aventurarse en la cocción de alimentos, mejorando así su sabor primario y permitiendo una mejor conservación de los mismos.

Más aún, profundizando un poco más en este hecho la antropología ha demostrado que "el paso de una masticación de alimentos crudos (vegetales y animales), siempre laboriosa, a una mucho más suave de alimentos sometidos a la acción del fuego, aceleró la disminución del tamaño de las mandíbulas y, de rechazo, el desplazamiento de los ojos hacia la frente. Esto supuso una mejor visión estereoscópica y, en consecuencia, un mejor disfrute en lo observado (paisaje, cuerpo femenino, cuerpo masculino,...)". El hecho trascendental de la aplicación del fuego al tratamiento de los alimentos ya delimitó -y esto desde los tiempos más antiguos- una dualidad en funciones culinarias que, quizá por la propia ejecución de las mismas, se relacionaron con la diferenciación sexual de la persona.

Y así, lo crudo, lo no sometido a la acción del fuego, es indiferente ante el sexo del que lo ofrece o del que lo consume.

Lo asado (a la brasa, sobre piedras calientes -en la actualidad sería a la plancha o a la parrilla, tipo barbacoa-) se identificó con lo MASCULINO.

Lo cocido, mediante ebullición con agua o caldo en olla o caldero, se relacionó con lo FEMENINO.

Aquellos otros alimentos que para su consumo precisan de una cierta transformación físico-química o bioquímica (maceración, salazón, fermentación, oreo y secado al humo o al sol,...) se admite que reciben la acción inexplicable, supranatural e incluso divina, manifestada a través de la persona (hombre o mujer) que los elabora.

Lo crudo-asexual se convierte, por acción del fuego y de los poderes "mágicos" del cocinero-sacerdote o de la cocinera-sacerdotisa, en alimentos que conllevan una enorme carga de sexualidad; máxime si se tiene en cuenta que sacerdotes y sacerdotisas (brujos y brujas, entendidos como poseedores de unas artes y conocimientos suprahumanos), a partir de una ciencia empírica, conocían las propiedades bioquímicas de una enorme variedad de plantas que ellos "administraban" según su conveniencia.

Evidentemente, estas propiedades -al actuar sobre el psiquismo de la persona- podían conducir a situaciones fácilmente relacionadas con un incremento de sentimiento y deseos sexuales.

Los testimonios de historiadores y de literatos nos contarán aquellos fastuosos banquetes, siempre cargados de fantasías sexuales, que tenían lugar en los jardines de Babilonia en tiempos de Asurbanipal; o los que recreaban la corte imperial de Roma en la época de César, de Claudio o de Nerón... Tiempos donde el refinamiento en la calidad exigía algo así como una denominación de origen (ciruelas de Damasco, almendras de Tesalia, limones de África del Norte, alcachofas de Granada, trufas de Libia ...), y donde en cada preparación siempre estaba presente lo afrodisíaco.

Pero, ¿por qué esa relación entre asado y masculinidad?

Probablemente la razón haya que buscarla en otra actividad anterior muy propia de varones: la caza. Ese varón-cazador, también dominador del fuego, aprendió a asar las carnes en sus correrías por los campos y los bosques, y también en el propio hogar, entendido este término en su doble significado de lar y de vivienda. Y en el fuego, don

protegido de los dioses, asaban los sacerdotes sus ofrendas en honor de la divinidad.

¿Y qué causa enlaza a los pucheros con la feminidad? Si el asado en piedras o en parrillas tiene una antigüedad que se remonta al segundo período interglacial, hace de esto unos 400 000 años, la cocción en pucheros (fuesen de barro, primero y de metal después) tiene una historia aproximada de unos 20 000 años. El puchero, en sí mismo y en su forma, asemeja a ese vientre femenino que es capaz de dar vida a un nuevo ser, de crear un algo a partir de otro algo, de combinar en reposo y en hervor la siempre misteriosa transformación del alimento crudo en otro de paladar más suave y de más fácil digestión.

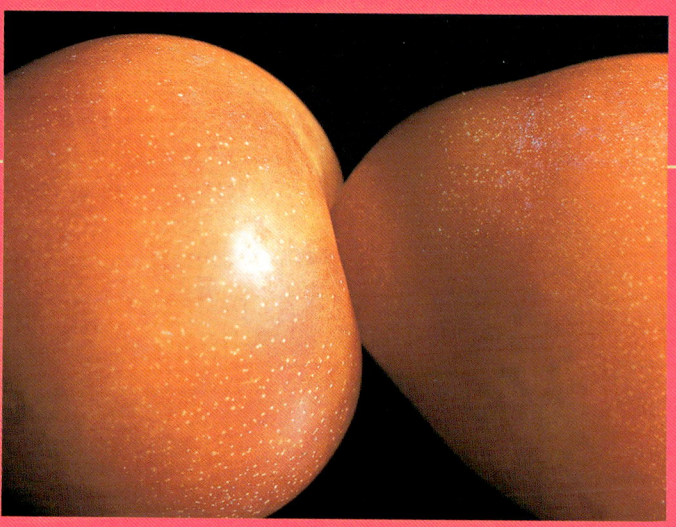

El puchero, también a modo de cuerpo de mujer, a modo de pecho y corazón de mujer, es algo que simboliza cariño, compasión, amor... Esto es lo que, en cierta manera, insinúa San Isidoro en sus Etimologías: "*Omnia vasa coquendi causa parata cocula dicuntur. Plautus* (frag. 181): '*Aeneis coculis mihi excocta est omnis misericordia*'" (Todo recipiente preparado para cocer se denomina puchero. Dice Plauto: "Toda la compasión fue cocinada para mí en pucheros de cobre").

Ahondando un poco más en la etimología de las palabras puchero, olla y cazuela, vemos cómo ésta última deriva el término latino *caccabus*; y el diminutivo cazuelita, del latino *caccabellus*. Pues bien, con *caccabus*- "cazuela" se relaciona la palabra árabe *kárkab* en su significado de "vientre", de hoyo y de agujero.

El fuego, como el amor, tiene un alto significado de purificación y de sacrificio; de ofrenda a los dioses y de regalo a los humanos; de sacerdocio y de promesa de vida.

Es evidente, y así lo demuestra la antropología, que la humanidad no dominó al fuego únicamente para cocinar. Ni siquiera ése fue su destino primero. No obstante, es indiscutible que tal dominio estableció las condiciones precisas para el nacimiento y evolución de la cocina, delimitando una clara frontera entre el crudivorismo y lo cocinado. Con el asado y la cocción de los alimentos, el mero hecho de comer como soporte de supervivencia vino a ser un arte placentero, un arte que bien puede relacionarse con el tránsito del hecho reproductor al placer de la sexualidad.

¿Por qué una cocina afrodisíaca?

Un breve repaso a todo lo expuesto hasta ahora nos permite delimitar el campo de acción, y de actuación, de aquellas sustancias que hemos englobado bajo el nombre de afrodisíacos. Estas serían sus finalidades:

- Aumentar el sentimiento y el deseo sexuales.

- Eliminar o disminuir la influencia psicológica que determinadas situaciones (educativas, culturales, religiosas, sociales...) pueden ejercer sobre la persona.

- Eliminar o atenuar la sensación de impotencia y/o frigidez.

- Estimular y mantener la erección, prolongándola incluso hasta algo después del orgasmo.

- Intensificar el placer real durante todo el coito, y más especialmente durante el orgasmo, procurando que éste se retrase convenientemente (evitar la eyaculación precoz).

- Superar la sensación de cansancio y/o agotamiento posterior al coito.

- Contribuir a una buena salud sexual.

Se ha dicho que el bien cocinar, al igual que la pintura, la escultura, la música o la literatura, es un arte. Y, ya desde Ovidio, nadie pone en duda que el bien amar -el amar con ese placer que va más allá del mero hecho reproductivo- es, asimismo, otro arte. El famoso *Ars amandi* en el que Ovidio resume, en frase certera, todo un caudal de erotismo: *"Non est certa meos quae forma invitet amores; centum sunt causae cur ego semper amen"* (No es una razón concreta la que despierta mis amores; siempre tendré cien motivos para amar).

Y si las cosas bien hechas -*culta placent*, decían los latinos- siempre agradan, ¿en qué medida pueden relacionarse la gastronomía y el amor?

Faustino Cordón, farmacéutico y biólogo, fundador en 1969 del Instituto de Biología Aplicada, da cumplida respuesta en su obra *Cocinar hizo al hombre* (Tusquets Editores, 6.ª Edic. Barcelona, 1999): *"La relación es muy íntima dado que en todos los seres vivos y, por tanto, en los animales, la reproducción básica para el mantenimiento de las estirpes, es una función derivada (hija) de la alimentación, básica para el mantenimiento de los individuos"*.

Y añade. *"Si, ciertamente, reproducirse constituye una necesidad menos aguda y, sobre todo, menos constante que comer, no deja de resultar de vez en cuando sumamente perentoria y muy particularmente en nosotros, los seres humanos"*.

Una cocina afrodisíaca ha de acertar en el colorido de los platos, en las formas de presentación de las viandas, en los perfumes y sabores más adecuados para teatralizar con elegancia el espectáculo deseado -quizá, soñado- por la pareja. Ha de utilizar -con arte y ciencia- todos aquellos principios naturales, existentes en los alimentos, que favorezcan el metabolismo y refuercen el bienestar corporal y psíquico y, como final, ha de aprovechar con gracia y equilibrio aquellos condimentos y especias que, en base a viejas tradiciones y creencias, constituyen lo que pudiera llamarse la química del sexo y del amor.

La cocina afrodisíaca será sencilla, poco sofisticada y muy natural; usará con más dedicación la técnica de lo cocido que la del asado (aunque sin despreciar ésta en ciertas preparaciones de carnes y de pescados), sin abusar de especias y de condimentos, sin abusar tampoco de grasas y engalanando el conjunto con la siempre excitante presencia de un buen vino y de un exquisito licor.

La importancia de los aromas

No es frecuente que en un libro sobre cocina o alimentos afrodisíacos se trate el asunto de los aromas, y, más concretamente, en relación con el deseo sexual. Y sin embargo son muchos los aromas, muchos los perfumes -y esto desde tiempos antiquísimos-, que inciden directamente en el comportamiento sexual y en el placer que la sexualidad conlleva.

¿Por qué aromas y perfumes en la cocina?

La humanidad primitiva, siempre en experimentación permanente, usó de los vegetales -especialmente de las plantas superiores- como alimento y como complemento en su aporte de sabores y de aromas. Hojas, flores, raíces, frutos… regalaban propiedades medicinales, cosméticas, olorosas, y hasta mágicas y espirituales. La figura del perfumista y los secretos en la aplicación de su arte son citados ya en los más antiguos textos bíblicos. Así, en el Libro del Éxodo vemos cómo Yahvé da instrucciones a Moisés para preparar el altar de los perfumes (Éxodo 30, 1-5), qué productos serán perfumes de ofrenda divina (Éxodo 30, 7-9) y normas para elaborar el óleo de unción y el timiama.

"Yahvé habló a Moisés diciendo: Toma aromas: quinientos siclos de mirra de primera; la mitad, es decir, doscientos cincuenta siclos, de cinamomo aromático, y doscientos cincuenta siclos de caña aromática; quinientos siclos de casia, según el peso del siclo del santuario, y un hin de aceite de oliva. Con esto harás un aceite para la unción sagrada y un perfume compuesto con arreglo al arte de la perfumería, que será el óleo para la unción sagrada" (Éxodo 30, 22-25).

"Yahvé dijo a Moisés: Toma aromas: estacte, uña aromática, gálbano e incienso purísimo. Aromas e incienso entrarán por cantidades iguales y harás con ellos el timiama, compuesto según el arte de la perfumería" (Éxodo 30, 34-35).

Egipto es, probablemente, la primera industria perfumera; industria esta manifestada como arte en todas las culturas orientales (China, India, Persia, Babilonia, Israel…), y que al correr de los tiempos se extendió a Grecia y a Roma para después generalizarse por toda Europa. Más aún, en la mitología griega se asigna a los dioses la invención y el arte de la preparación de perfumes, insinuando que fue una ninfa de Venus, Enoe, hermana de Epoco, la que enseñó a los humanos los secretos de tal arte. Griegos y romanos gustaban de perfumar el aceite y el vino para, así, alegrar el corazón y de este modo propiciar un estado anímico estimulante y placentero.

Conjunción de aromas y de placer para definir el gentil cuerpo de la amada, como se lee en el Cantar de los Cantares:

"¡Qué deliciosos son tus amores, más que el vino! Y el aroma de tus perfumes es mejor que el de todos los bálsamos. Miel virgen destilan tus labios, esposa; miel y leche hay bajo tu lengua; y el perfume de tus vestidos es como aroma de incienso. Eres jardín cercado, esposa. Tu plantel es un vergel de granados, de frutales de los más exquisitos, de cipreses y de nardos, de nardos y de azafrán, de canela y cinamomo, de todos los árboles aromáticos, de mirra y de áloe, y de todos los más selectos balsámicos". (Cantar de los Cantares 4, 10-14)

O para describir las artes que utiliza la mujer seductora, según se cita en el Libro de los Proverbios:

"He ataviado mi lecho con tapices, con telas de hilo recamado de Egipto; he perfumado mi cámara con mirra, áloe y cinamomo. Ven, embriaguémonos de amores hasta la mañana; hartémonos de caricias…" (Prob. 7, 17-18)

En los antiguos poemas helénicos se cuenta cómo las Gracias se ungían con perfumes, y en la Iliada se detallan las artes de perfumería que utiliza Juno para conseguir la atención (mejor, la atracción) de Júpiter. Grecia recibía los perfumes, o sus materias primas, de países y lugares muy diversos: Siria, Egipto, Chipre, Cirene, Corinto, Mesopotamia... La adición de mirra al vino y a otros alimentos era costumbre griega muy afianzada en sus artes culinarias.

Las costumbres griegas, trasvasadas a la cultura romana, dieron origen a una nueva profesión, la de perfumista (*seplasarius, unguentarius*), que al correr de los tiempos fue cuna de un gremio que gozó de alta consideración social, el *collegium aromatorium*. Ovidio, en sus *Ars amandi*, y en muchos de sus poemas eróticos, refiere ampliamente la importancia de los perfumes en el hecho amoroso de la sociedad romana clásica.

Dos aromas sexualmente embriagadores: almizcle y pachuli

Toda literatura erótica del Renacimiento exalta el aroma del almizcle como el más idóneo para despertar el deseo sexual de los varones porque, como se lee en un tratado portugués (Léonardi, G.: *Panorama da cozinha erótica*. Parceria A. M. Pereira, Lda. Lisboa), *"tem un cheiro quase embriagador ao qual os homes nao conseguem ficar insensiveis"*.

¿Qué es el almizcle?

Trátase de una sustancia que es segregada, en pequeñas cantidades, por el almizclero (un rumiante parecido al corzo, habitante de las montañas asiáticas) y que es acumulada por el animal macho en una pequeña bolsa localizada entre el ombligo y los órganos genitales. Marco Polo, en uno de sus viajes durante al año 1300, conoció cómo el almizclero, cuando entra en celo por la invernía, activa enormemente la secreción de almizcle para lograr una irresistible atracción de la hembra. Y fue el propio Marco Polo quien lo introdujo en Italia para, tiempos después, ponerse de moda en toda Europa. En la actualidad se sabe que hay otros seres (animales y plantas) que desprenden ciertos aromas análogos al del almizcle. Más aún, dada su aceptación comercial en el mercado de los perfumes (a finales del siglo XIX se cotizaba a 30 euros de hoy, ¡5 000 pesetas de entonces!, el kilogramo) hasta se llegó a fabricar artificialmente un producto de aroma muy similar al del almizcle natural: el trinitrobutiltoluol.

Se ha reconocido que el olor del almizcle estimula el apetito, provoca una notable excitación genital y puede dar lugar a dolores de cabeza y vómitos. Si el almizcle fue el gran mito de los aromas eróticos en tiempos del Renacimiento, el pachuli (pachulí o patchulí) lo fue en aquella época que va desde finales del siglo XIX hasta casi la mitad del siglo XX; aquellos "años felices de la década de 1920 cuando se cantaban cuplés" y estaban de moda -aun están ahora, pero con otros nombres- los meublés, o "pisos amueblados", con señoritas incluidas en el mobiliario y que, a la llegada del cliente, ofrecían sus encantos obedeciendo a la orden de "niñas, ¡al salón!". El perfume de pachuli era, ¡cómo no!, el perfume de la tentación y del placer.

El pachuli es un árbol (*Pogostemon patchouli Pellet*) originario de Asia, de cuyas hojas y ramas se extrae una esencia (aceite de pachuli) considerada como uno de los aromas más fuertes, excitantes y cautivadores.

Perfumes y atracción sexual

¿Existe realmente alguna relación entre perfume y atracción sexual? La respuesta, al sentir de los estudiosos, deber ser muy ambigua. De hecho, es indudable que algunos perfumes, especialmente los muy fuertes, son causa de dolores de cabeza (cefalalgias), vértigos, náuseas, etcétera. Otros, si son muy aromáticos y penetrantes, suelen ser estimulantes y en consecuencia se les asigna propiedades afrodisíacas, como es el caso de la menta (*Mentha piperita L.*), el tomillo (*Thymus vulgaris L.*), el espliego (*Lavandula spica L.*) o el cantueso (*Lavandula stoechas L.*), planta a la que por tierras de Madrid llaman hierba de San Juan y que, al sentir de Andrés de Laguna (siglo XVI), *"purga y conforta el cerebro, los nervios y todos los instrumentos de los sentidos"*.

La opinión médica más generalizada apunta a que los perfumes, en sí mismos, no tienen efecto afrodisíaco alguno a no ser que por razones de cultura, costumbre, tradición, etcétera, desarrollen una acción sugestiva en la persona que los percibe. Lo demuestra el hecho de que ciertos aromas, en un determinado tipo de gentes, son considerados como afrodisíacos eficaces, y en otras atenúan o enmascaran el deseo sexual. No obstante lo dicho, no faltan estudiosos -especialmente médicos naturistas- que admiten como ciertas y comprobadas experimentalmente las propiedades afrodisíacas de algunas plantas, actuando como estimulantes del sistema nervioso y de los órganos genitales.

Evidentemente, no vamos a tratar aquí sobre las técnicas de preparación de aceites esenciales de plantas y de sus aplicaciones en tratamientos de aromaterapia; sí conviene, aunque sea de forma muy sencilla, considerar cómo ciertos perfumes, ciertos aromas, percibidos y gozados en un ambiente de intimidad compartida, pueden coadyuvar al efecto sexualmente estimulante de una comida placentera. Más que describir la acción directa de una determinada planta (o partes de ella) en un alimento, buscaremos aquí y

ahora la presencia en el entorno de aquellas flores, hojas, ramas… que con su aroma engalanan y complementan el placer de los manjares, no que lo enmascaran, pues en tales casos el efecto conseguido sería realmente contraproducente.

Unas flores, unas ramitas… discretamente colocadas en un búcaro delicado, pueden realzar muchas situaciones de placer.

Ejemplos de plantas, sus aromas y cualidades

Planta	Variedades	Nombre científico	Cualidades	Contraindicaciones
Albahaca	Albahaca fina. Albahaca mayor.	*Ocimum minimum L. Ocimum basilicum L.*	Aroma suave, parecido al limón.	Dolor de cabeza.
Azucena	Lirio blanco. Flor de la Virgen.	*Lilium candidum L.*	Aroma suave durante el día y penetrante al caer la tarde.	Dolor de cabeza. Enmascara los olores de los alimentos.
Espliego	Lavanda. Cantueso.	*Lavandula spica L. Lavandula stoechas L.*	Aroma agradable y sugerente. Tranquilizante. Aumenta el deseo sexual.	
Jazmín	Jazmín de España. Jazmín común.	*Jasminum grandiflorum L. Jasminum officinale L.*	Aroma fragante y delicado. Sensación de bienestar.	
Naranjo	Naranjo amargo. Naranjo dulce.	*Citrus aurantium L. C. aurantium sinensis L.*	Aroma de azahar. Las flores simbolizan virginidad.	
Narciso	Narciso común.	*Narcissus pseudonarcissus L.*	Aroma suave y delicado.	Dolor de cabeza.
Rosas	Rosas de cultivo.	*Rosa damascena Miller. Rosa centifolia L. Rosa gallica L.*	Aromas delicados y sugerentes. Símbolo de la virginidad. Aumenta el deseo sexual.	Los aromas, muy fuertes, enmascaran los de los alimentos.
Salvia	Salvia común. Amaro.	*Salvia officinalis L. Salvia sclarea L.*	Aroma fuerte, parecido al del alcanfor. Estimula el deseo sexual.	Dolor de cabeza.
Violeta	Violeta común.	*Viola odorata L.*	Aroma delicado, relajante. Estimula el deseo sexual.	Somnolencia.

Las especias

Antiguamente -y esto casi hasta el siglo XVI- se dio el nombre de especias a ciertos aromas que, ya confitados, se servían al final de la comida con fines más bien terapéuticos y digestivos. Su estima llegó a ser tan alta que ciertas sustancias aromáticas, con finalidad de especia, se utilizaban como pago a servicios y operaciones comerciales, y, así, por ejemplo, los honorarios o costas que cobra la judicatura por la instrucción y dictamen en un juicio suelen llamarse, precisamente, especias, recordando con ello la antigua costumbre de los pagos que los litigantes hacían a los jueces.

Desde la época de aquellos novelescos -y frecuentemente fabulados- viajes de Marco Polo que, realizados en el siglo XIII, fueron dictados por el propio Polo a su compañero de prisión Rusta Pisano (Rusticiano de Pisa) y publicados en 1298 con todo lujo de detalles de sus aventuras bajo el título de *Los viajes de Marco Polo*, se entiende ya la palabra especia como aquella sustancia o sustancias (antes se decía drogas) con que se sazonan las salsas, guisados y manjares. Los diccionarios al uso suelen citar como ejemplos la canela, el azafrán, la pimienta, los clavos…

Tales especias, conocidas y utilizadas en la cocina española desde el dominio árabe (siglos VIII al XV), eran de difícil adquisición y siempre a precios más bien altos, limitándose su consumo a las comidas y manjares de gentes nobles y palaciegas. El pueblo llano tenía que conformarse con productos más sencillos y de cultivo local: romero, menta, orégano, tomillo, perejil, laurel…

Fue precisamente la tentación de abrir nuevos caminos al comercio de las especias, nuevas rutas, lo que impulsó a Cristóbal Colón a implicarse en un viaje "a través de un mar desconocido", y, así, lograr una de las hazañas más fabulosas y grandiosas de la Historia: el Descubrimiento y conquista de un nuevo Mundo. Y con él, ¡cómo no!, el descubrimiento y uso, también, de nuevas especias.

Ahora bien, ¿son las especias sustancias afrodisíacas en el sentido conceptual que hemos asignado a estos productos?

La respuesta es realmente contradictoria, pues del mismo modo que hay autores que aseguran que los efectos que ejercen ciertas especias sobre el sistema nervioso y sobre los órganos sexuales han sido reconocidos plenamente por la medicina, no faltan otros -y en gran número- que afirman que tales efectos, siempre discutibles, son la consecuencia psíquica del exotismo que acompaña a su historia de países lejanos y a la tradición de magia que las envuelve.

Tal es el caso, por ejemplo, del ámbar gris, tan solicitado -y usado- en la antigüedad (e incluso en la modernidad) como paradigma de sustancia o especia altamente afrodisíaca que se suministraba, envuelta en secreto de misterio, por curanderos, videntes, sanadores, médicos, perfumistas,… porque concentra todos los deseos amorosos sobre la persona que lo consume o utiliza su perfume.

El ámbar gris es un producto que se encuentra flotando en las aguas de los mares cercanos a las islas de Sumatra, Molucas, Madagascar, Japón o bañando las costas de China, Argentina, Brasil… Suele verse en forma de "pedruscos", con tamaños que oscilan entre los 500 g y 100 kg, en los que se observan ciertos gránulos amarillentos envueltos por una especie de capa gris. Desprende un gratísimo y suave olor que recuerda al del almizcle (del olor almizclado se dice que es altamente erótico), lo que provoca un aumento del deseo sexual con patente excitación de los genitales.

El ámbar gris, según las investigaciones de Beale en los inicios del siglo XX, es una petrificación o endurecimiento ("cálculo") de las heces fecales de ciertos cachalotes que moran en aguas del Antártico. En él se encuentra, según los trabajos de Pelletier, una sustancia denominada ambarina, responsable del color y olor que ofrece.

A partir del siglo XVII se hizo famoso el chocolate al ámbar, resultado de dos componentes supuestamente afrodisíacos: el chocolate y el ámbar gris. Brillat Savarin, en *Fisiología del gusto* (1825), escribe así sobre esta preparación: "Quien haya bebido algunos sorbos de más en la copa de la voluptuosidad; el que haya trabajado durante buena parte del tiempo en que debía dormir; el hombre inteligente que, de un modo pasajero, se siente embotado; el que halla el aire húmedo, el tiempo largo y la atmósfera difícil de soportar; el que se ve atormentado por una idea fija que le prive de libertad para pensar... todos ésos, decimos, deben tomar medio litro de chocolate al ámbar, a razón de 60 a 72 g de ámbar por 0,5 kg de chocolate... En mi particular manera de especificar las cosas, llamo al chocolate con ámbar el chocolate de los afligidos."

Los árabes, tan conocedores de las propiedades de las especias, nos brindan esta fórmula "que fortalece el deseo sexual cuando se ha debilitado a causa del frío y la humedad" (Ibn Wafid. *El libro de la almohada. Recetario médico árabe del siglo XI*. Traducción de C. Álvarez de Morales. Instituto de Estudios Toledanos. Toledo, 1980).

"Se toma media *uqiyya* de canela china, tres *dirhams* de jengibre y galanga, respectivamente, otros tres de *behen* blanco y rojo y azafrán, respectivamente, una *uqiyya* de espato de palmera, media *uqiyya* de secácul, un cuarto de *uqiyya* de lenguas de pájaros (fruto del fresno) y media *uqiyya* de nuez, almendra, piñón y pistacho limpio, respectivamente. Se pulveriza el conjunto, se tamiza y se amasa con miel en la que han hervido satirión, nuez limpia y secácul. Luego se filtra, se disuelve en este filtrado un *dirham* de almizcle y se prepara el medicamento, del cual se toman, cuando es necesario, tres *dirhams* con agua tibia. Como alimento se toma carne de paloma. Proporciona sensación de bienestar y aleja la tristeza. Se beberá sólo lo necesario y no más, pues si no el beneficio se tornará perjuicio. Si quiere Dios, ¡ensalzado sea!"

Alejándonos de nuestros viejos continentes y buscando en los recetarios indígenas americanos, también encontramos fórmulas antañonas que nos dan testimonio del poder afrodisíaco de muchas especias. Tal es el caso de la nuez moscada:

"Puestas fomentaciones de aguardiente de 36 grados al pubis, tres veces al día, y tomándose al mismo tiempo los caratos de maíz cariaco con un polvo de nuez moscada, se cura al poco tiempo la impotencia".

Y de América a Filipinas. De allí procede esta fórmula que nos regala Fray Fernando de Santa María O. P. en su libro *Manual de medicinas caseras para consuelo de los pobres indios*, editado en Manila, 1768. La dedica preferentemente a personas "débiles que necesitan ser reconfortadas".

"Toma doce libras de agua dulce a la que juntarás una libra de miel de abejas, y en su falta libra y media de azúcar, lo que echarás en una tinaja o banga proporcionada. Toma ahora un poco de nuez moscada, un poco de canela, tres o cuatro clavos de especia, y quebrantado todo lo dicho, revolverás en un pedacito de lienzo; además de lo dicho tomarás un poco de levadura, todo lo dicho infundirás en la vasija y lo revolcarás con mucho tiempo con una caña. Hecho esto lo dejarás reposar y fermentar por veinte horas. Pasado este tiempo colarás dicha agua y tendrás lo que llaman aloja. Refresca y conforta a los débiles".

La aloja deriva del hidromiel (que es la bebida alcohólica más antigua en la historia de la humanidad, ya utilizada, probablemente, en tiempos de la Edad del Bronce). El término aloja procede al árabe al-jaloc con significado de "el perfume". Sus "derivados" más populares, tan gustados en la actualidad como típicos de algunas zonas y comarcas españolas, son la limonada y el zurracapote.

Especias de uso frecuente en la cocina

Especia	Variedades	Nombre científico	Cualidades	Contraindicaciones
Azafrán	Cultivo.	*Crocus sativus L.*	Aroma y color. Estimulante sexual.	Reacciones alérgicas.
Canela	Canela de China. Canela blanca.	*Cinnamomum cassia Spr. Canella alba Murr.*	Aroma y sabor dulces y delicados. Aumenta el deseo sexual.	Rechazo a este aroma.
Clavo	Cultivo.	*Caryophyllus aromaticus L.*	Aroma delicado. Estimulante.	Dolor de cabeza.
Jengibre	Cultivo.	*Zingiber officinale Roscoe.*	Aromático, carminativo, estimulante y rubefaciente.	No conviene abusar de esta especia.
Mostaza	Mostaza negra. Mostaza blanca.	*Brassica nigra Koch. Sinapis alba L.*	Sabor ardiente y picante. Estimula los genitales.	No conviene a personas con problemas gástricos.
Nuez moscada. Macís	(Semilla.) (Cubierta externa.)	*Myristica fragrans Houtt.*	Estimulante y aperitiva. Aroma y sabor intensos.	Puede provocar trastornos de la conducta.
Pimienta	Pimienta blanca. Pimienta negra.	*Piper Nigrum L.*	Aromática, estimulante, sabor picante, digestiva. Estimula el deseo sexual.	Reacciones alérgicas.
Pimienta de Cayena	Cultivo.	*Solanum pseudocapsicum. Capsicum fastigiatum Blume. Capsicum frutescens I.*	Sabor picante. Estimulante. Favorece los procesos digestivos.	No conviene a personas con problemas gástricos.
Pimienta de Jamaica	Cultivo.	*Pimienta officinalis Lindl.*	Aromática. Sabor picante.	Reacciones alérgicas.
Vainilla	Cultivo.	*Vainilla planifolia Andrews. Vainilla pompona L.*	Muy aromática. Sabor muy agradable.	No se conocen.

Recetario

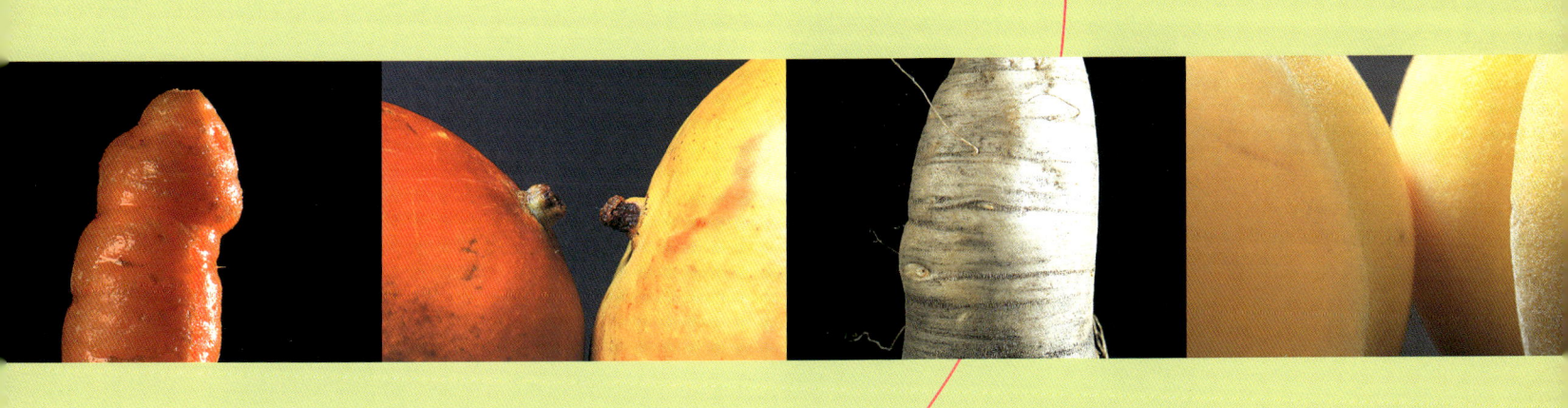

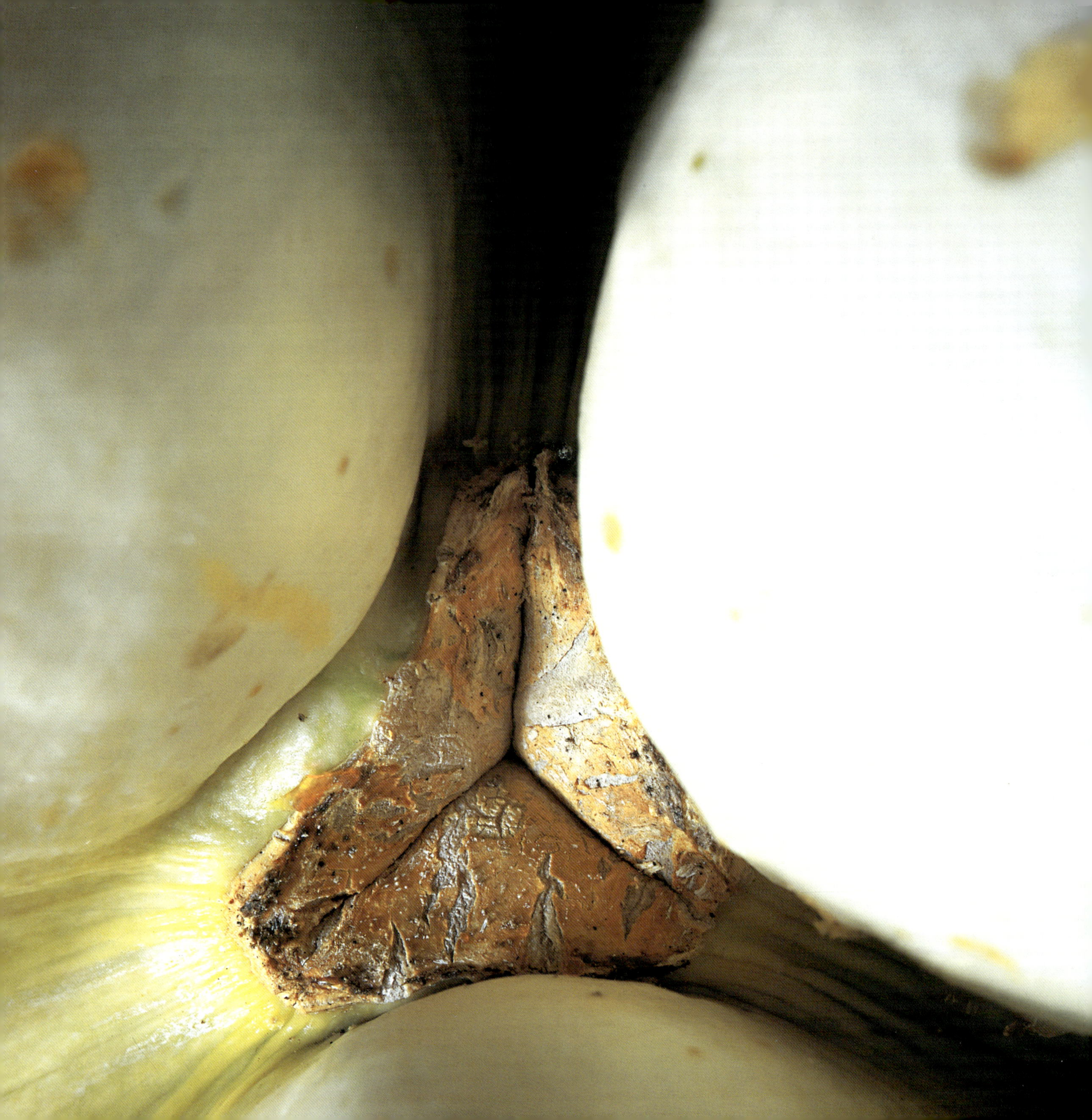

1

El amor
en lo vegetal

La palabra verde, además de significar un determinado color, tiene también otras acepciones que están relacionadas con una pícara sexualidad o con un determinado comportamiento entre galante y erótico. Una poesía verde, una película verde, una comedia verde, una novela verde, un chiste verde… centran su protagonismo en alguna situación un si es/no es obscena, indecente incluso, pero sin llegar a lo pornográfico. En general, tales chistes, poesías, dichos… juegan con el doble sentido de las palabras y con la pícara intención de quien las lee o escucha.

¿Por qué lo verde se asocia a lo sexual y a lo erótico?

El vocablo latino *viridis* -del que deriva la palabra "verde"- tiene como acepción principal el de un color en concreto; pero, en acepciones secundarias, también puede interpretarse como "lozano", "vigoroso", "floreciente"… cualidades todas que encajan con los amoríos de juventud, siempre llenos de pasión y de misterio. Por otra parte, la palabra *viridis* puede confundirse en su pronunciación con *virilis*, en su significado de "masculino", "hombre macho"… Todo encaja.

La humanidad, en sus orígenes, fue necesariamente herbívora y crudívora.

Fueron muchos los siglos de búsqueda de vegetales (raíces, tallos, hojas, flores, frutos) para satisfacer aquellas necesidades alimentarias más perentorias, y fueron muchos años, también, de experiencias exitosas y de fracasos grandiosos. Más adelante vendría la caza, y con ella el carnivorismo crudívoro, para terminar, descubierto ya el fuego, en unos productos nutricios preparados con técnicas de cocción o de asado.

Esa humanidad, afanosa de lo vegetal, vio en las plantas no sólo un fundamento de alimentación, sino también un remedio -o un estímulo- para aquellas otras funciones que exige el propio concepto de vida como son las de reproducción, incluido el placer que conlleva su ejecución.

Ciencia empírica y arte de preparación basadas inicialmente en una creencia universalmente aceptada: solamente las fuerzas espirituales explican todos los fenómenos. Por eso las plantas, nacidas de la naturaleza por la acción divina, pueden ser portadoras de vida, de alimento, de salud, de poder de creación.

Probablemente Grecia haya sido la cuna primera de la exaltación de los vegetales como causa de amor. No olvidemos que en la mitología clásica griega gozó de especial veneración el dios Príapo, dios de los campos, de las huertas y de los jardines. Un dios hijo de Afrodita y de Mercurio, nacido con una irrefrenable pasión de lujuria que, al correr de los tiempos, le supuso un patronazgo divino sobre el libertinaje y los burdeles.

Lo vegetal -lo verde- traerá a nuestra imaginación y recuerdo aquellos sentimientos de pasión juvenil, aquellas situaciones de lozanía y de vigor, que conllevan a sueños de amor y a deseos de persona amada.

En lo vegetal buscaremos -y encontraremos- una frescura excepcional, como es el caso de ensaladas, muchas de ellas elaboradas en alarde de ingeniosa combinación; formas fálicas de pícara insinuación y de tentadores pensamientos, como así alardean puerros, espárragos, zanahorias…; texturas blandas y húmedas de carnes femeninas (por ejemplo: tomates), o denso y rizado ramaje que apunta hacia un vello púbico (perejil…); olores estimulantes y persistentes…

Evidentemente, algo tiene que decir la Química en la posible acción erótica de determinadas hortalizas (cinarina en las alcachofas; asparagina y tirosina en los espárragos; apiína y sedanolida en el apio; apiína también en el perejil; capsaicina en los pimientos y guindillas…); pero sobre todo quienes tienen que hablar, y mucho, son la imaginación y la fantasía.

La cocina de las hortalizas, más que una peregrinación a las fuentes de la fe, lo es a las fuentes de la vida.

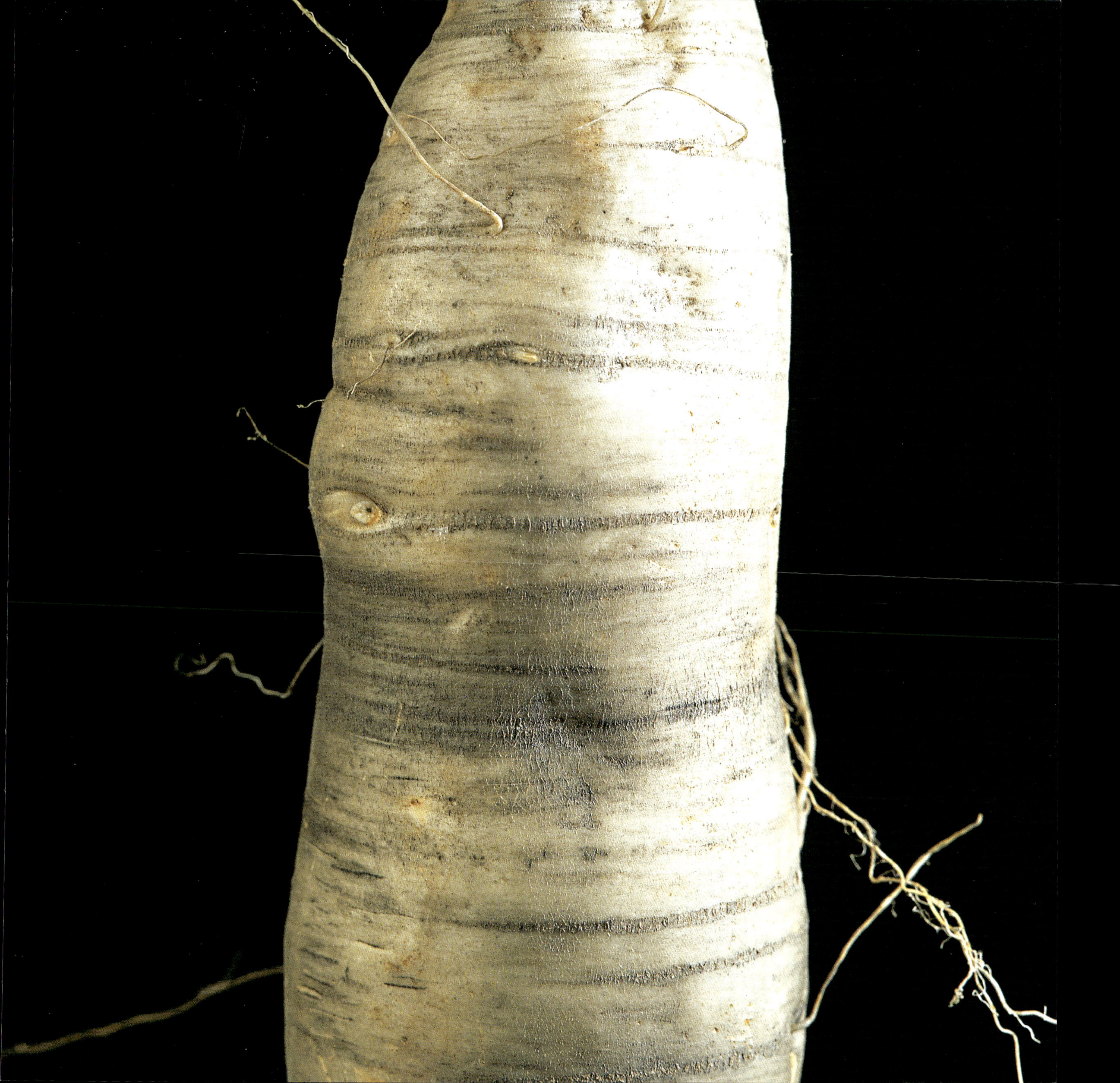

Cebollas rellenas para "el día después"

Ingredientes

4 cebollas, entre medianas y grandes
75 g de champiñones, cortados en láminas
50 g de setas shiitake
2 cs de queso Parmesano rallado
2 cs de pan rallado
1 diente de ajo
1 ct de hojas de tomillo
1 ct de hojas de perejil fresco (picado)
aceite
sal
pimienta molida

Preparación

Las cebollas, exentas de las pieles secas exteriores, se ponen a cocer durante 10 minutos en una cacerola con agua y sal, debiendo quedar bastante "al dente". Después de retirarlas, se escurren y se secan con papel absorbente. Finalmente, con la ayuda de un cuchillo, se extraen las capas interiores, dejando tres capas al exterior.

En una sartén con aceite se sofríen los interiores de las cebollas (picado en grande) y el ajo (picado fino). Cuando estén bien pochados, se incorporan las láminas de champiñón, las setas *shiitake* cortadas en trozos y las hierbas aromáticas (tomillo y perejil). Todo junto, se sofríe unos 5 minutos.

Tras colocar las cebollas en una fuente de hornear, sus interiores se van rellenando con el preparado anterior, debiendo quedar llenas a rebosar. Se espolvorean por encima con una mezcla de pan rallado y queso Parmesano, y se hornean durante 25 minutos en el horno a 180 °C. Conviene, al llevarlas al horno, rociarlas con un baño de aceite de oliva virgen extra.

El consejo de Mattioli

Si Andrés de Laguna al hablar de las cebollas nos dice que "son corrosivas, engendran ventosidades, dan ganas de comer, acrecientan la esperma y ofuscan la razón y el sentido", otro comentarista y traductor de Dioscórides, como fue Mattioli, exalta su poder afrodisíaco aconsejando "que todos aquellos varones de cierta edad que deseen el amor de sus esposas jóvenes tomen cebollas asadas en un aderezo de sal, aceite, vinagre y especias".

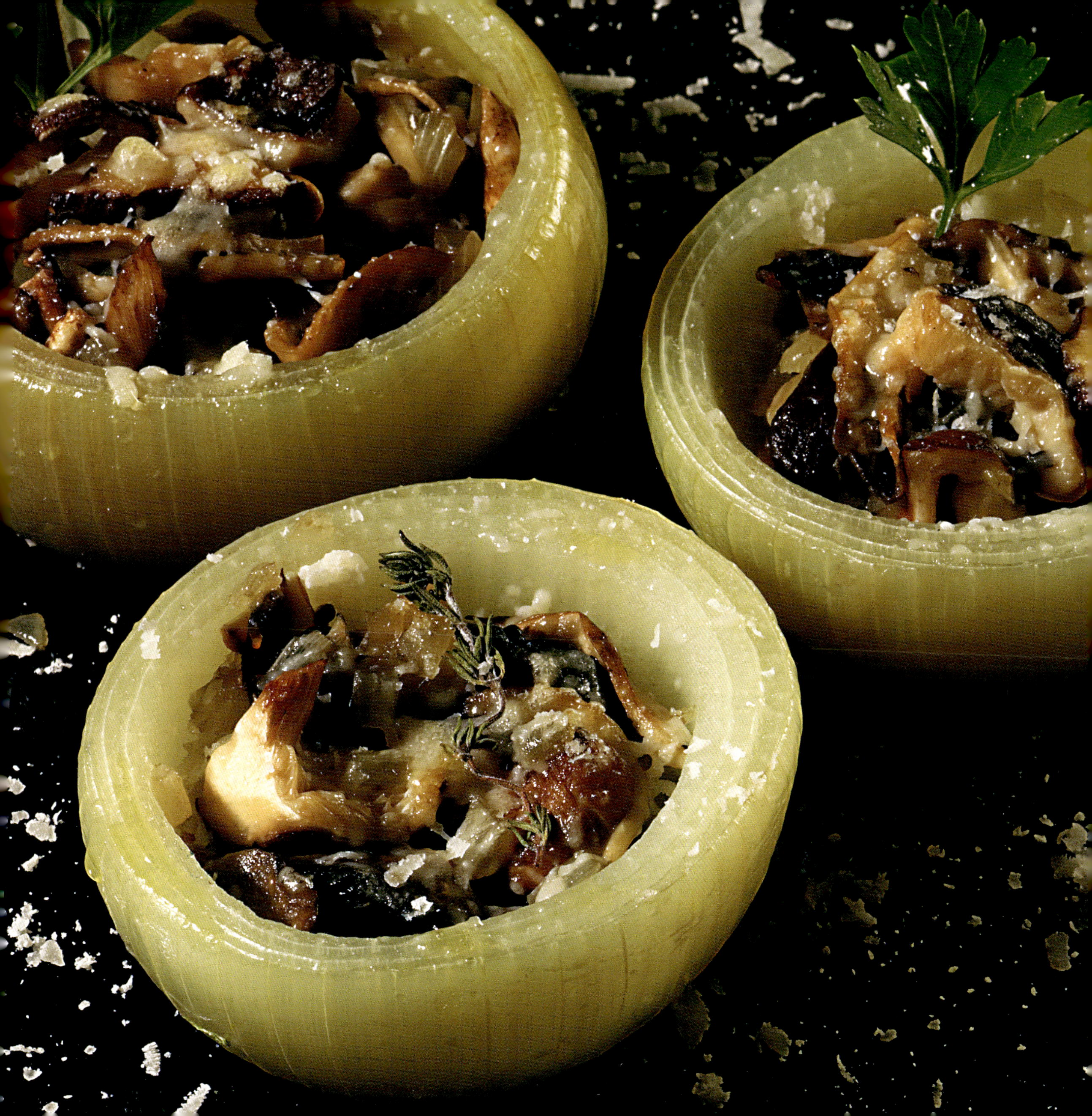

Crema de yogur al ajo con pepinos y aromas de menta y eneldo

Ingredientes

500 g de yogur
3 dientes de ajo
2 pepinos medianos
1 vaso de agua
eneldo
hojas de menta
aceite
sal

Preparación

Los pepinos (que han de ser muy frescos) se pelan y, cortados inicialmente en tiras a lo largo, se trocean después en cuadraditos. Aparte, en un mortero se prepara un majado de ajos con sal para, acto seguido, prensarlo con el revés de una cuchara o con el prensaajos adecuado.

En una fuente honda o cuenco grande se echan los ajos prensados y el yogur, batiendo de continuo y añadiendo, poco a poco, un vaso de agua fría. Ha de resultar una crema homogénea, ligera y bien ligada.

Se suman los pepinos picados (procurando que sobrenaden algunos trocitos), se riega superficialmente con un chorro de aceite de oliva virgen extra y el conjunto se aromatiza y adorna con un espolvoreo de eneldo y pequeñas hojas de menta.

Nota

La menta en todas sus variadas especies (piperita, hierbabuena, poleo, mentastro) siempre fue considerada como un eficaz afrodisíaco, tanto que a los licores de menta -el famoso pipermín- siempre se les supuso aptos para situaciones de vida alegre.

El ajo en la historia

En muchos países del Oriente se considera al ajo como un estimulante sexual de acción rápida, sostenida y duradera. Así, en China e India preparan una pomada a base de ajo y de grasa para frotar con ella el pene y los testículos y, de este modo, asegurar una erección eficaz y prolongada.

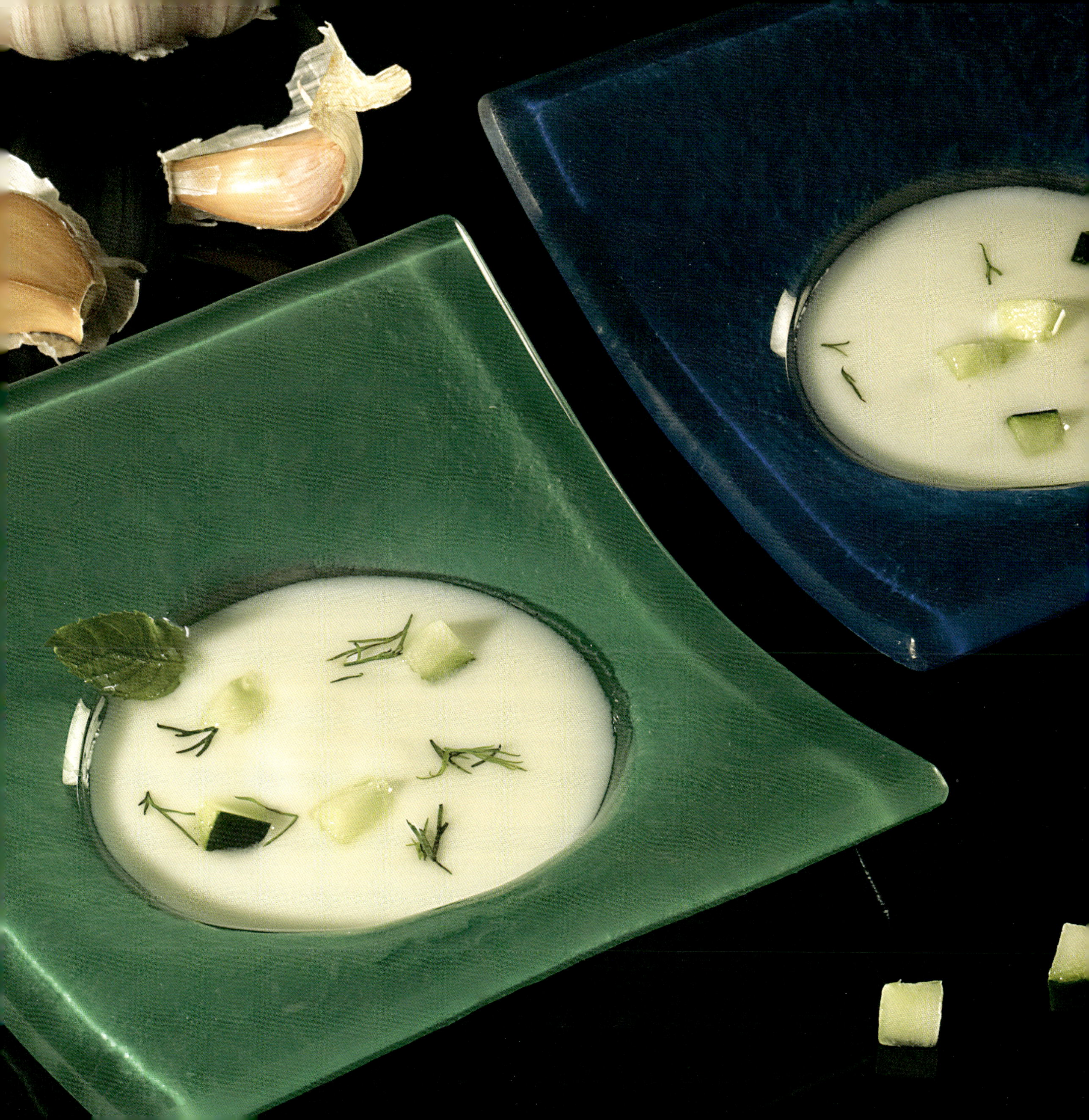

Espárragos rellenos de anchoa sobre fondo de lechuga y perejil

Ingredientes

12 espárragos blancos y gruesos
12 anchoas de la máxima calidad
aceite
harina
huevo
lechuga hoja de roble
perejil

Preparación

Los espárragos, ya escurridos, se cortan a lo largo en dos mitades, o, mejor aun, se les da un corte longitudinal pero sin llegar a su división completa y así, quedan abiertos a modo de libro.

Se dispone una anchoa en una de las mitades, se cierra con la otra mitad y se rebozan de uno en uno en harina y huevo. Inmediatamente se fríen en abundante aceite y se escurren sobre papel absorbente.

En una fuente se prepara un lecho de juliana de lechuga de roble y, espolvoreada de perejil, se aliña al gusto. Sobre ese lecho se colocan los espárragos en forma radial, convergiendo en el centro con una flor hecha con piel de tomate.

Espárragos trigueros con picardía de trufas

Ingredientes

20 espárragos trigueros verdes, lo más gruesos posible
1 trufa negra (si es posible, del Perigord)
aceite
vinagre de trufa
sal marina

Preparación

Tras eliminar la parte dura de los espárragos, se lavan al chorro de agua fría y se secan con papel absorbente. Se pasan luego por una plancha engrasada, ya caliente, de modo que resulten ligeramente dorados en el exterior y un sí es no es "al dente".

Se disponen los espárragos sobre una fuente caliente y se les hace, en diagonal, una serie de incisiones en las que se incrustan unas finas láminas de trufa negra. Aliñar con aceite de oliva virgen extra, un toque de vinagre de trufa y un salpimentado al gusto. Esta ensalada debe servirse templada.

Nota

El vinagre de trufa se prepara dejando macerar unos trozos de trufa en un vinagre de calidad excelente.

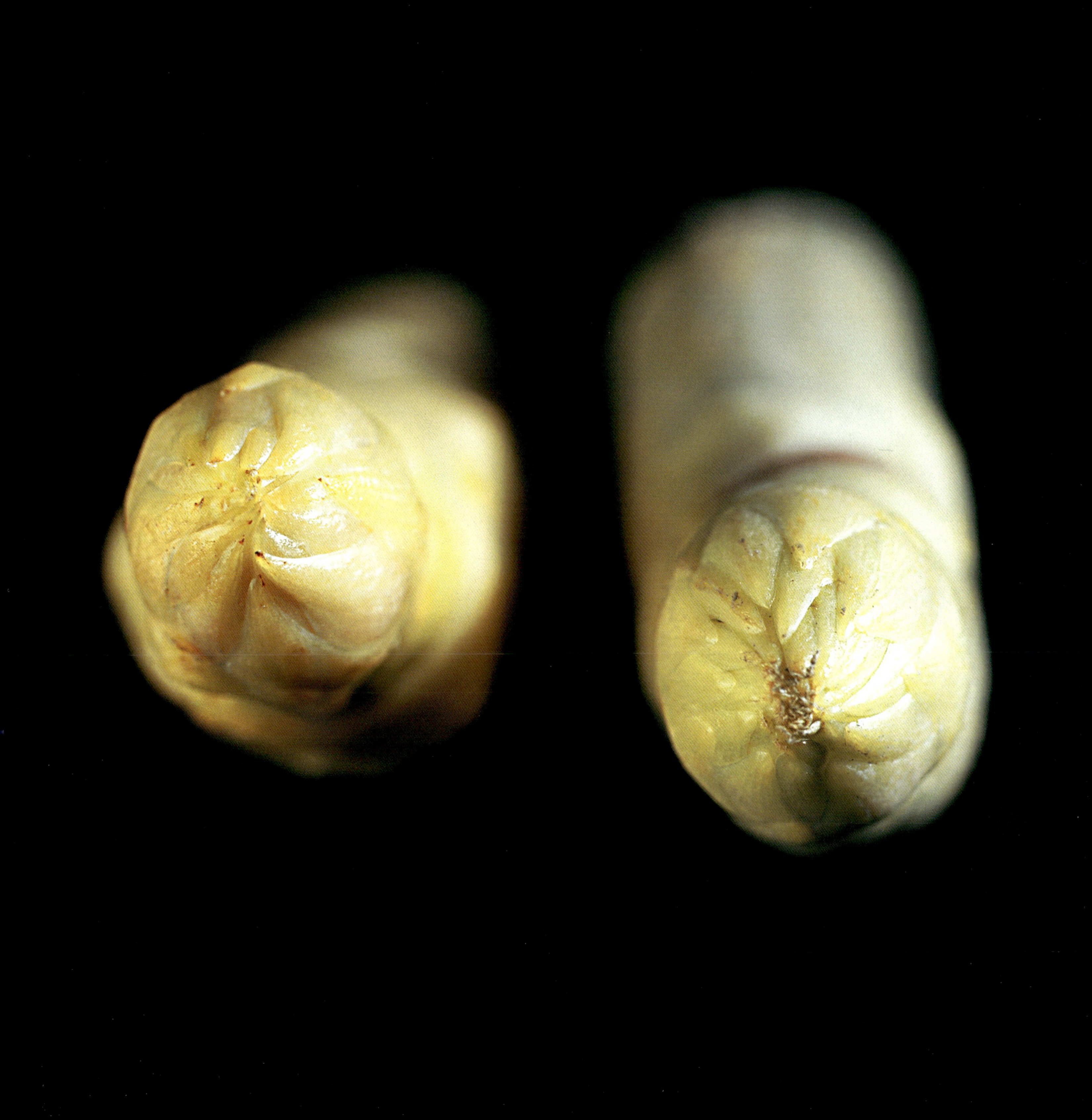

Milhojas de setas, magret de pato y manzana

Ingredientes

1 kg de setas (de cardo, de chopo, rebozuelos, níscalos…)
500 g de magret de pato
2 manzanas tipo reineta
aceite de oliva virgen extra
sal

Para la salsa:
zumo de naranja
un toque de jugo de carne
azúcar
juliana de piel de naranja

Preparación

Se limpian las setas y lavan al chorro de agua fría, se secan con papel absorbente y se sazonan luego con sal al gusto. Las manzanas, exentas de piel y de corazones, se cortan en láminas. Setas y láminas de manzana se saltean en aceite caliente.

Los *magrets*, limpios ya de la grasa que los recubre, se salpimentan al gusto y se hornean a unos 180 °C, hasta que resulten poco hechos, es decir, bien pasados y con un punto de toque crudo en su interior.

En platos individuales de servicio se dispone un fondo de salsa de naranja (elaborada con los ingredientes que se citan) y, sobre él, en tres o cuatro capas a modo de milhojas, se van alternando setas, láminas de *magret* y láminas de manzana. Cada plato se adorna con flores hechas a base de gajos de naranja.

Nota

La manzana, por su tradición bíblica, es considerada como uno de los frutos carnosos más afrodisíacos

Cuide el detalle

El uso de rosas para la decoración de los salones de comedor debe hacerse con sumo cuidado. Conviene situar los ramos alejados de las mesa donde se sirvan los manjares; de este modo se evita que el fuerte olor de las flores enmascare al de los alimentos.

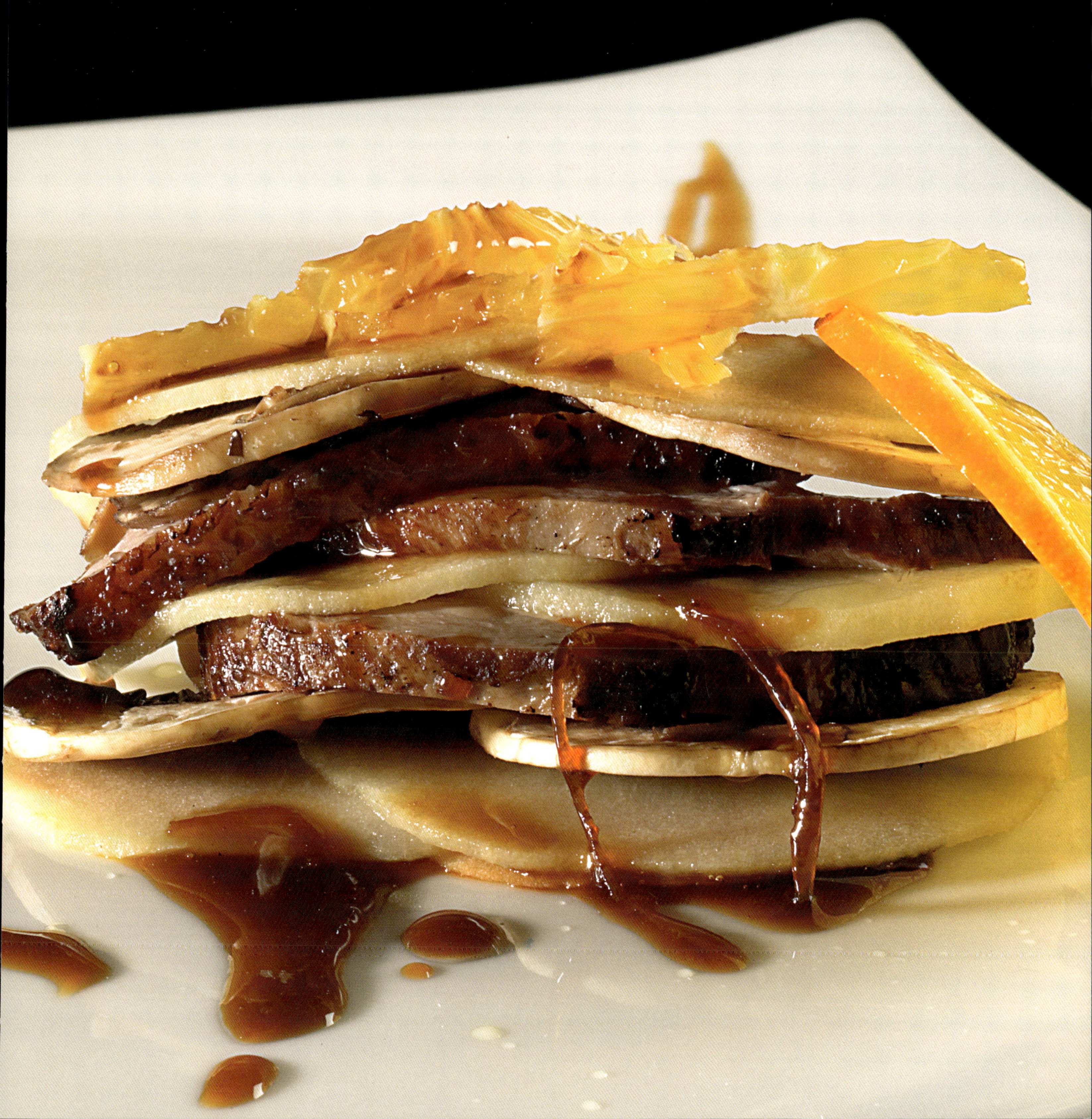

Quesada de jojotos y espárragos

Ingredientes

6 jojotos (mazorcas muy tiernas de maíz)
2 manojos de espárragos blancos muy frescos
100 g de queso blanco
100 g de queso de nata (bola)
4 huevos
1/2 taza de leche entera
mantequilla, sal

Preparación

En sendas cazuelas con agua y sal, se cuecen por separado los espárragos y las mazorquitas tiernas de maíz. Una vez están blandas, se retiran y escurren hasta soltar toda el agua.

Las mazorquitas y los espárragos, bien escurridos, se trituran y mezclan con los quesos rallados y la leche. Se agregan también los huevos batidos, se salpimenta al gusto y se mezcla todo muy bien.

Se unta con mantequilla un molde apropiado (como para pudin), y en él se vierte la mezcla anterior. Cuece a horno, precalentado a 180 °C, durante una hora aproximadamente. El horneado conviene hacerlo al baño María.

Ya hecho y bien cuajado se retira del horno, enfría y se desmolda. Se sirve acompañado de salsa mayonesa, salsa rosa, salsa de tomate…

Nota

En algunos países americanos y en ciertas regiones españolas la palabra mazorca, en sentido pícaro, se refiere al pene. Más que mazorca se usan las palabras "panoja", "panocha" y "panoya". Dice así un cantar asturiano:

Alegráivos, muyerones,
que ta creciendo'l maíz;
tráigovos una panoya
con pelos ena raíz.

Berenjenas rellenas

Ingredientes

4 berenjenas medianas, de tipo morado y alargado
250-300 g de carne magra de cerdo picada
25-30 g de queso Parmesano rallado
2 huevos
1 cebolla
salsa besamel
aceite
harina
sal

Preparación

Cada berenjena se parte a lo largo en dos mitades y, con la ayuda de un cuchillo fino, se extrae parte de la pulpa interior; toda esta pulpa extraída se salpimenta, y se deja en reposo 15 minutos para que suelte el agua.

Las mitades de las berenjenas, bien escurridas, se pasan por harina y se fríen en abundante aceite con cuidado de que no se rompan. Ya fritas, se disponen en una cazuela de barro con el hueco hacia arriba a modo de barqueta.

En una sartén con aceite se sofríe bien la cebolla picada, hasta pochar; se suma la pulpa de berenjena para que rehogue con la cebolla, y de seguido se incorpora la carne picada. Una vez rehogado todo junto se añaden dos cucharadas de besamel y, removiendo, se forma una masa suave y homogénea.

Con esta farsa se van rellenando los huecos de las berenjenas. Aparte, se agregan a la besamel restante las dos yemas de huevo bien batidas y las claras montadas a punto de nieve. Resulta, así, una especie de besamel *soufflé*.

Se cubren las berenjenas con esta besamel, se espolvorea por encima el queso Parmesano y unas avellanas de mantequilla y se hornea todo durante unos 30 minutos a 180 °C. Se emplata y adorna con triángulos de hojaldre fritos.

Ratatouille de amor primaveral

Preparación

En una sartén puesta al fuego con aceite, se sofríen hasta pochar muy bien la cebolla y el ajo muy picados; se añaden dos cucharadas de puré de tomate y los tomates (pelados y sin semillas) cortados en trozos. Cuece a fuego suave, incorporando a media cocción el ramito de hierbas. Se reserva en la misma sartén.

En otra sartén con aceite, al fuego, se fríe la berenjena cortada en cubos de unos 2 cm de arista; ya fritos, se retiran y reservan. En la misma sartén, con más aceite, se fríen los pimientos, cortados en aros, que se retiran y reservan. Sigue la fritura con el calabacín cortado en láminas circulares, que también se retira y reserva.

En una fuente de hornear se dispone la fritura de verduras y se cubre con la salsa de cebolla y tomate preparada con anterioridad; se tapa y hornea a 180 °C, durante unos 10 minutos abundantes. Aparte, en una sartén, se fríe la albahaca picada y un diente de ajo muy picadito. Se retira la fuente del horno, se elimina el ramito de hierbas y el conjunto se baña con la albahaca y el ajo fritos.
Se sirve, muy caliente, en la misma fuente.

Ingredientes

1 cebolla grande
500 g de tomates
4 dientes de ajo
2 pimientos morrones rojos
1 berenjena morada
1 pimienta verde
1 calabacín de 250 g
1 bouquet garni *(ramito de hierbas a base de apio, puerro, romero, tomillo, una ramita de orégano, media hoja de laurel)* bien atado
aceite
sal
puré de tomate
unas hojas de albahaca
pimienta blanca

Los tomates y el amor

En tiempos de los siglos XVIII y XIX se admitía en Francia y en Alemania que los tomates, fruto que en Italia llamaban *pomo d'amore* ("manzana del amor"), eran tóxicos causantes de diarreas, vómitos y otras dolencias gastrointestinales, además de incitar voluptuosamente a comportamientos sexuales de todo tipo. Tanto es así que en Francia, incluso bien entrado ya el siglo XIX, aún perduraba la idea de que una mujer no sólo no debía consumir tomates en su alimentación sino que tampoco debiera tocarlos; ello suponía un signo externo de ninfomanía.

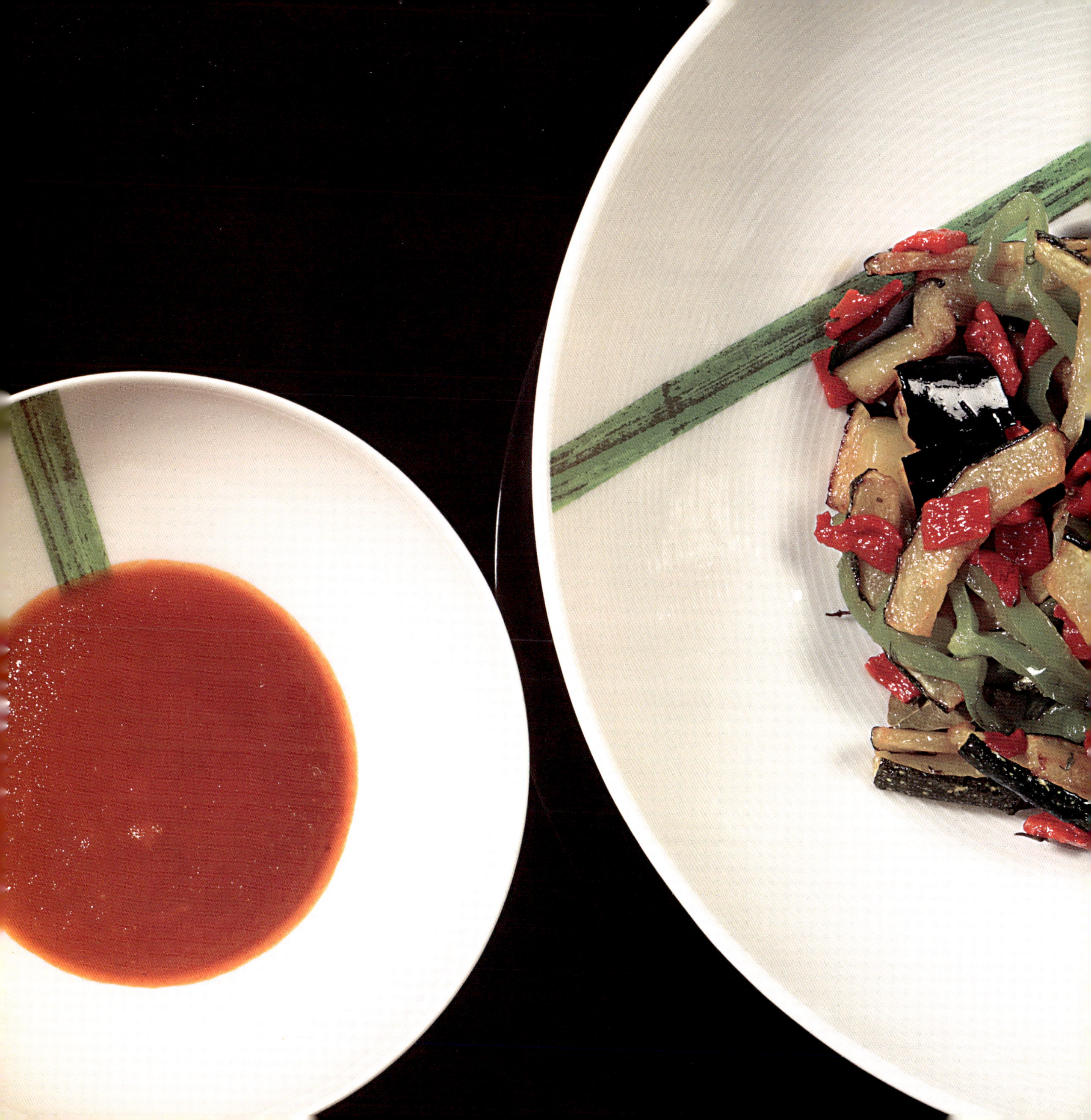

Setas y almejas en salsa verde

Ingredientes

500 g de setas naturales (de chopo, de cardo...) o cultivadas
40 almejas de calidad extra
2 dientes de ajo
1 copa de fino andaluz
aceite de oliva
perejil
harina
sal

Preparación

Se lavan las setas al chorro de agua fría, utilizando un pincel suave como ayuda para eliminar arenillas y tierra (si las tienen); después, se secan con un papel absorbente. Finalmente se rehogan en aceite, debiendo quedar más bien "al dente". Se reservan, colocadas en una cazuela de barro.

En una sartén con aceite, aparte, se prepara una salsa verde con el ajo y el perejil, muy picados, según costumbre. Conviene que la salsa resulte un poco espesita, lo que se consigue mediante la adición de un poco de harina, que dará unos hervores con el salsamento.

Al romper el hervor se incorporan las almejas (que habrán estado durante unos 30 minutos en agua con sal), y se retira todo del fuego cuando abran sus valvas.

Las almejas y su salsamento se vierten sobre las setas dispuestas en la cazuela de barro; se baña con el fino andaluz y, puesta la cazuela a fuego medio, se calienta todo hasta que rompa el hervor. Se sirve, muy caliente, en la misma cazuela.

Nota

En esta receta intervienen varios ingredientes de acción afrodisíaca: las almejas (forma y olor), el perejil (verde, contenido en apiína, forma), las setas (textura blanda y húmeda) y el ajo (aliína, olor, forma).

¡Qué cosas cuentan!

Allá por la década de 1940 -años de la posguerra española- un niño respondió al maestro, según este tenor, cuando se le preguntó sobre las diferentes monedas de papel entonces utilizadas en España: "Las hay de peseta, de cinco pesetas, de veinticinco pesetas y **dicen** que hasta de cincuenta y de cien pesetas".

Don Camilo José Cela, académico y premio Nobel, justifica así el posible carácter afrodisíaco de la almeja: "Es metáfora formal y una de las designaciones populares que recibe la vulva por su aspecto y **dicen** que por su sabor" (Cela, C. J.: *"Obras completas"*. Tomo 26. Enciclopedia del erotismo.).

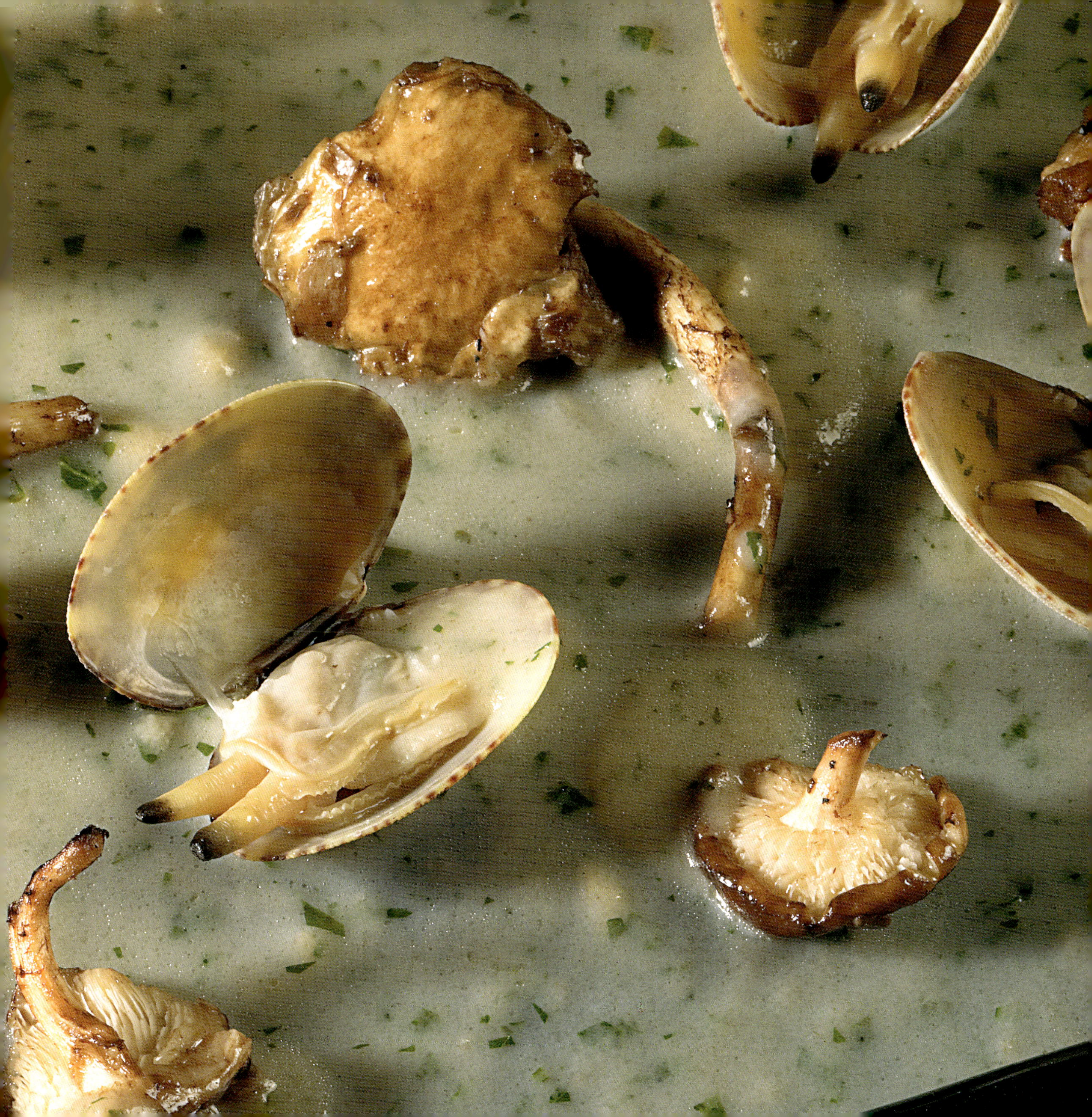

Sopa de cebolla del Dr. Pomaine

Ingredientes

200 g de cebolla blanca
200 g de queso gruyer
150 g de mantequilla
12 rebanadas de pan para hacer tostadas
6 copitas de armañac
4 huevos
2 l de caldo
harina
sal
pimienta

Preparación

En una sartén con un poco de mantequilla (unos 40 g), al fuego, se doran 6 rebanadas de pan; después, con más mantequilla, se doran las otras 6 y se reservan todas (los 12 picatostes).

En la misma sartén, con el resto de la mantequilla se doran las cebollas, cortadas fino, hasta que ofrezcan un color tostado tipo caramelo; se añade un poco de harina y se rehoga junto con la cebolla hasta que también tome color.

Poco a poco se va añadiendo caldo, sin retirar del fuego, hasta consumir aproximadamente medio litro del total. Después de unos hervores, se pasa a una cacerola y se suma el resto del caldo (1,5 l), se salpimenta al gusto y se prosiguen los hervores, a fuego manso, durante 30 minutos más.

Se cuela el caldo -que ha de tener sabor a cebolla caramelizada- y se pone al fuego para, al romper el hervor, agregarle el armañac previamente quemado. Se aviva el fuego para conseguir un hervor fuerte y continuo.

En una sopera grande se vierten los huevos bien batidos, el queso rallado muy fino y, poco a poco, el caldo en plena ebullición. Hay que remover de continuo y con energía para conseguir una sopa ligeramente espesa y muy homogénea. En el momento de servir, cada plato de sopa se complementa con unos cuantos picatostes.

Nota

Conviene que los platos ya estén calientes antes de verter en ellos la sopa.

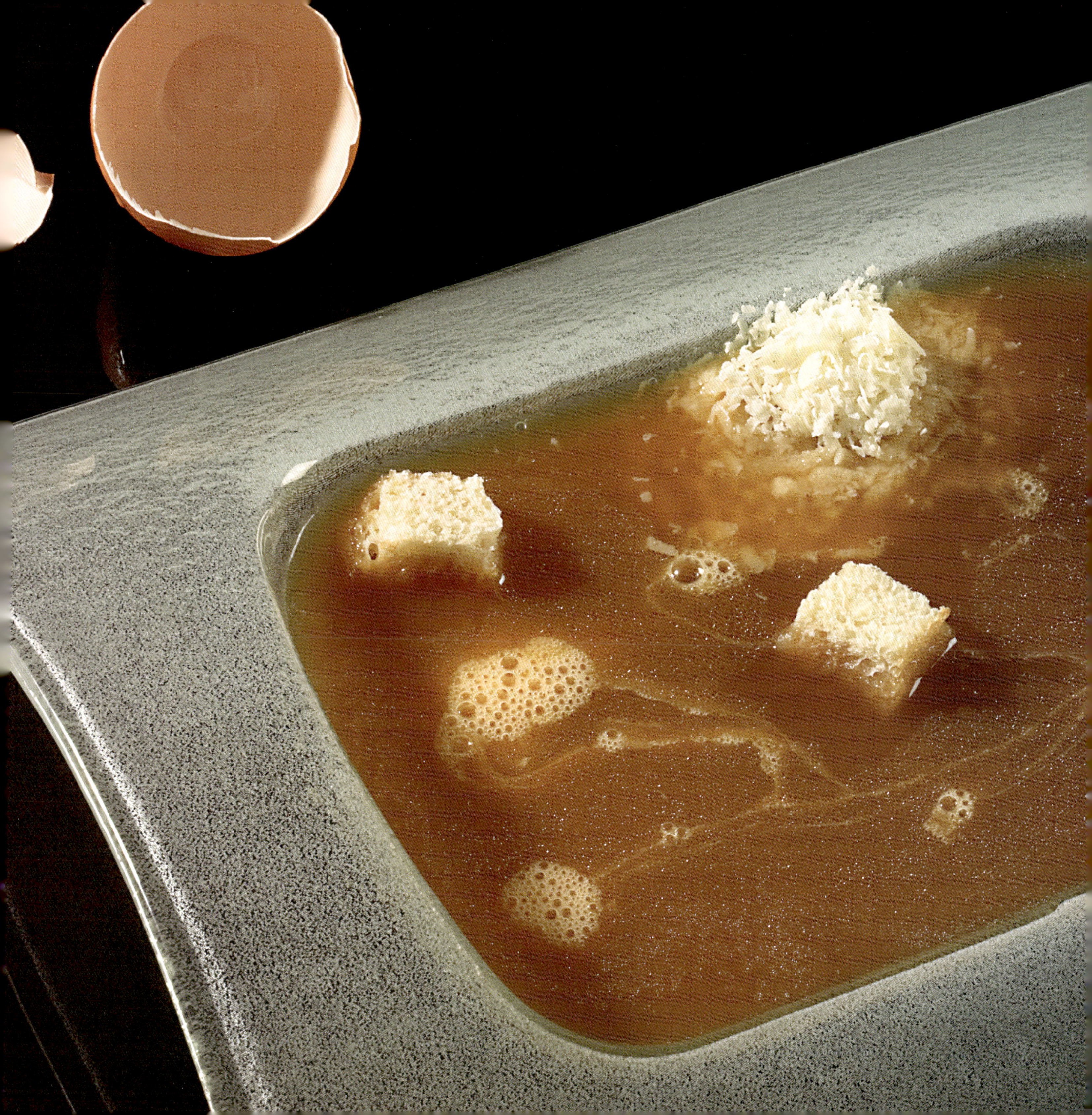

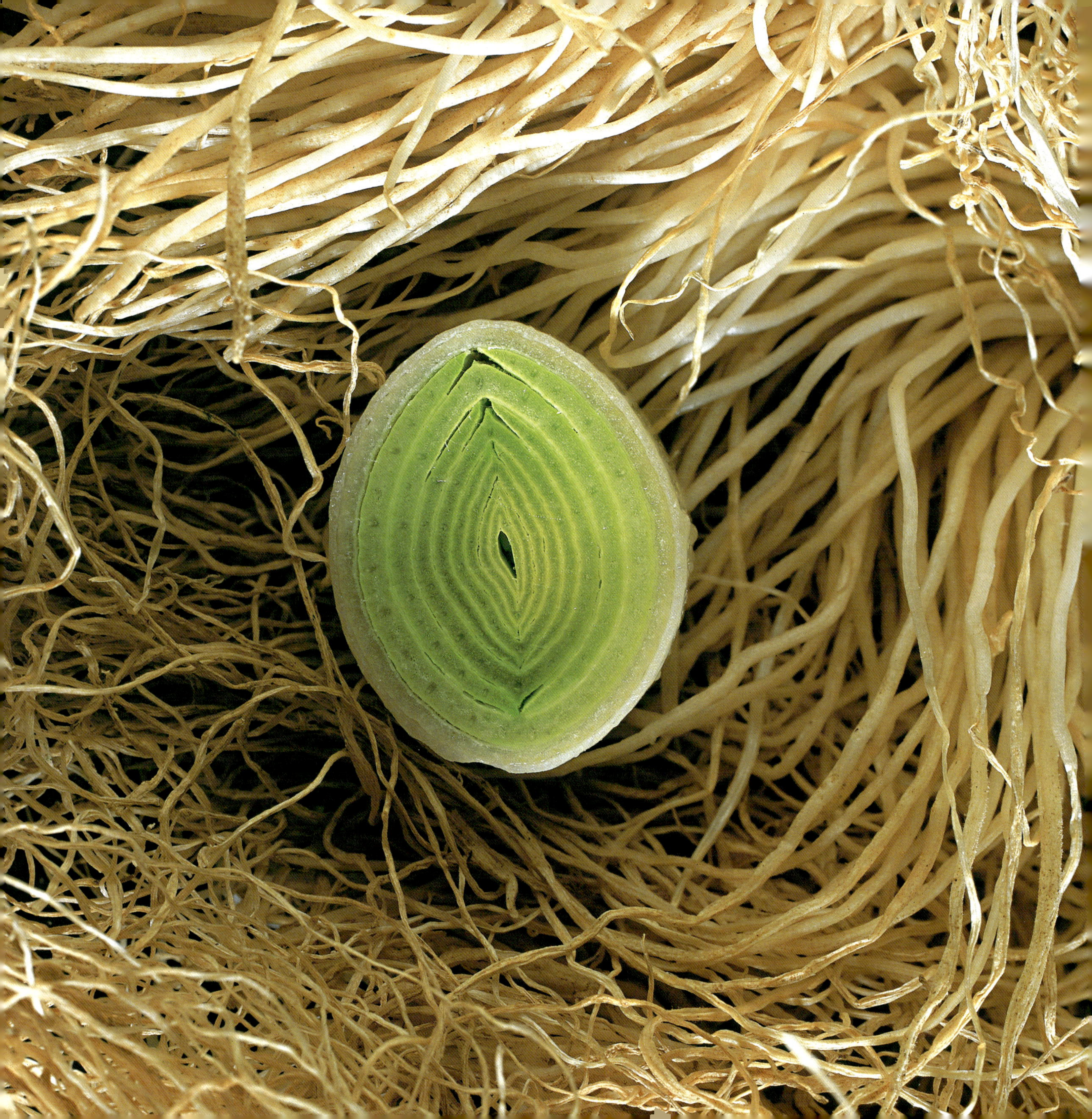

Sopa de puerros con almejas

Ingredientes

un manojo de puerros
20 almejas
4 patatas medianas
caldo de carne (1 l, aproximadamente)
sal

Preparación

En una cazuela con aceite (si se desea puede añadirse un poco de mantequilla) se pochan los puerros, previamente troceados y limpios. Se suman las patatas y el caldo, y hierve todo a fuego medio hasta que la cocción sea completa. Se tritura con la minipimer y, para finalizar, se pasa por el chino.

Aparte, en un cazo con un poco de agua, se abren las almejas al vapor, que habrán estado en un remojo de agua con sal durante unos 30 minutos; se selecciona su carne y, junto con el jugo de cocción colado, se añade a la sopa.

Se seleccionan dos puerros de tallo muy blanco y, escalfados en agua hirviendo, se cortan en juliana y se distribuyen sobrenadando por la sopa. Se sirve, muy caliente, en sopera.

Nota

Las almejas -y, en general, los moluscos bivalvos- tienen fama de ser altamente eróticas y afrodisíacas.

Vichyssoise de tomate al aroma de albahaca

Ingredientes

4 puerros gruesos y blancos
2 tomates
300 g de patatas
200 cm³ de nata líquida
1 l de caldo natural de ave
aceite
sal
pimienta blanca
albahaca (al gusto)

Preparación

En una cacerola con aceite se rehogan, a fuego medio o suave, los puerros hasta que estén bien pochados; se suman las patatas (peladas, limpias y cortadas en cuadraditos) y los tomates, rehogando todo junto durante varios minutos más. Se añade el caldo de ave y la albahaca (picada) y cuece todo durante unos 30 minutos.

Se tritura con la minipimer y se pasa por el chino. Se vierte la nata líquida y, salpimentando al gusto, se le da a todo unos hervores hasta que resulte una textura de crema espesita y, a la vez, ligera.

Esta crema suele ofrecerse fría, en cuencos, adornando cada uno de ellos con una hojita de albahaca sobrenadando.

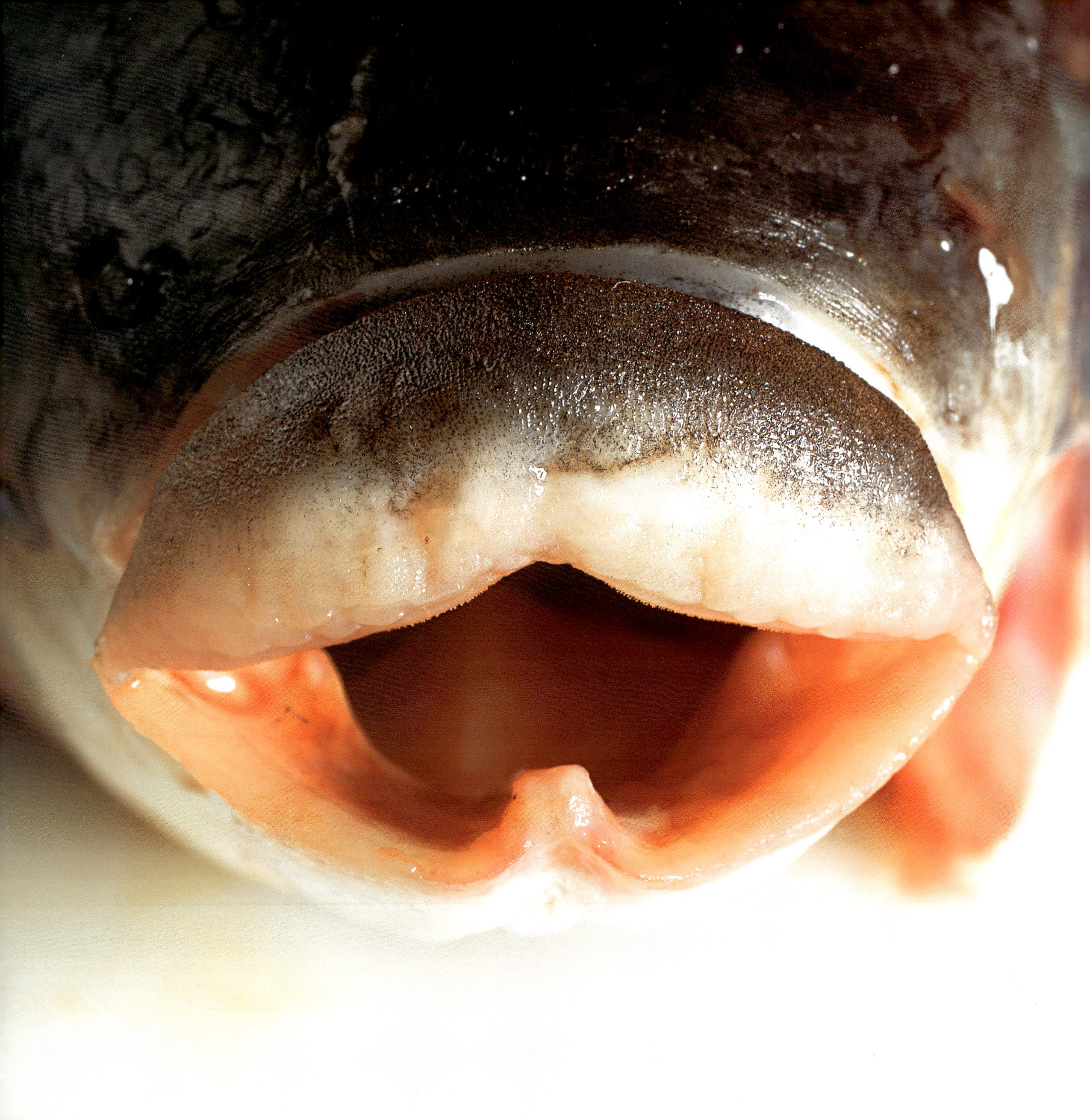

2

Tentación:
pescado y marisco

E. C. Izzo, autor del sorprendente libro *Guida alla cucina esotica, insolita, erotica* (Milán-Barcelona, 1970), es tajante -a la vez que contradictorio- en esta singular afirmación: *"La cocina erótica no existe. Una vez aclarado esto, pasemos a la cocina erótica".*

La historia de la alimentación -que es también historia de cultura- nos demuestra cómo la humanidad se afanó no sólo en satisfacer las exigencias nutritivas del individuo, sino también en estimular aquellas situaciones de placer que conducen a la perpetuación de la especie. La búsqueda de manjares afrodisíacos, o al menos estimulantes en realidades de amor, es una constante que se repite en todos los tiempos y en todas las civilizaciones.

Se ha dicho, y los naturalistas parecen demostrarlo, que la vida empezó en el mar; si se quiere, en el agua. El mar, el agua, es fuente de vida y en los frutos del mar -sean vegetales o animales- podrán encontrarse aquellas sustancias que de un modo u otro conduzcan a resultados de perpetuación de la vida y a proporcionar el placer que ello supone. Lo nacido y criado en el mar -en el agua- es considerado como tesoro de placer y de vida. He aquí, pues, un fundamento conceptual divino.

Pero, ¿podría hablarse de otro fundamento bioquímico?

Las sustancias afrodisíacas -o supuestamente afrodisíacas- suelen clasificarse, tal como apuntábamos en los inicios de este libro, en tres categorías:

- las que ejercen una cierta acción psicológica (efecto placebo, excitan la fantasía, liberan a la persona de sus prejuicios…);

- las que por analogía de forma (aspecto vulvar, formas fálicas…) pueden estimular el deseo sexual;

- aquéllas que suministran al organismo energía, vitaminas, elementos minerales… que coadyuvan a un excelente estado de salud, de fortaleza y de bienestar.

Aparte de las exigencias diarias de proteínas, grasas e hidratos de carbono, el organismo humano precisa de ciertos elementos minerales que van a actuar como materiales de construcción (calcio y fósforo son decisivos en la formación de los huesos), como reguladores del metabolismo (el fósforo está relacionado con la existencia del trifosfato de adenosina, ATP, responsable de las transformaciones energéticas en el organismo), como aportadores de hierro (tan necesarios en la hemoglobina), como preventivos de determinados estados carenciales y enfermedades (la deficiencia de yodo es causa de bocio y de cretinismo; la falta de cinc puede originar un desarrollo insuficiente de las glándulas sexuales, etcétera)…

Los pescados y mariscos son una de las fuentes más ricas en fósforo, en calcio, en magnesio, en cinc, en yodo, en sodio; como también lo son en determinadas vitaminas como la A, B (especialmente B1 y B12), D, E y K. Los pescados azules (sardinas bonito, jurel, caballa…) son ricos en vitamina D (antirraquítica); muchos mariscos (crustáceos y moluscos como langostas, langostinos, mejillones, pulpo…) poseen niacina, una vitamina que evita el mal de la rosa o pelagra. Todo esto justifica el porqué en muchas cocinas, especialmente las asiáticas, son típicos los platos de pescado crudo; procuran con ello evitar la pérdida de vitaminas y sales minerales como consecuencia de procesos de cocción. Vemos, pues, que pescados y mariscos, en razón de su colaboración al bienestar de la persona, bien pueden ser catalogados como afrodisíacos; pero, ¿hay más razones para ello?

¡Evidentemente! Y los moluscos bivalvos son un buen ejemplo.

Las ostras, las almejas, las vieiras, los mejillones… y, en general, todos los moluscos bivalvos, gozaron siempre de fama afrodisíaca y de eficaces estímulos del deseo y apetito sexuales. El maridaje de ostras y cava, o de ostras y champán, ha sido considerado como el paradigma de lo afrodisíaco…

¿Qué relación puede existir entre tales moluscos y el deseo sexual?

Tendríamos que hablar, en primer lugar, de una cierta similitud de forma entre el aspecto de estos moluscos (ya cocidos al vapor y abiertos) y los genitales femeninos (formas vulvares), lo que implica una cierta carga erótica. Por otra parte puede darse un cierto paralelismo entre el olor del esmegma (secreción natural de las glándulas del área coronal del pene), o del flujo que suele estar presente en los genitales femeninos, y el olor que acompaña a tales bivalvos.

Ambos factores -analogía de forma y sensación olfativa- pueden coadyuvar a un cierto estímulo del deseo sexual, como consecuencia, posiblemente, de un condicionamiento de Paulov.

Podríamos hablar de un tercer condicionante, que aumentaría esa sensación y deseo de amor y de entrega a la persona amada. Muchos mariscos (langostas, bogavantes, almejas de calidad excelente…) y los magníficos cavas y champanes, todos de precios muy altos, se ofrecen y consumen en establecimientos de gran lujo y envueltos en un ambiente de noble señorío. Circunstancias todas que suponen dosis de felicidad, de placer, de intimidad compartida…

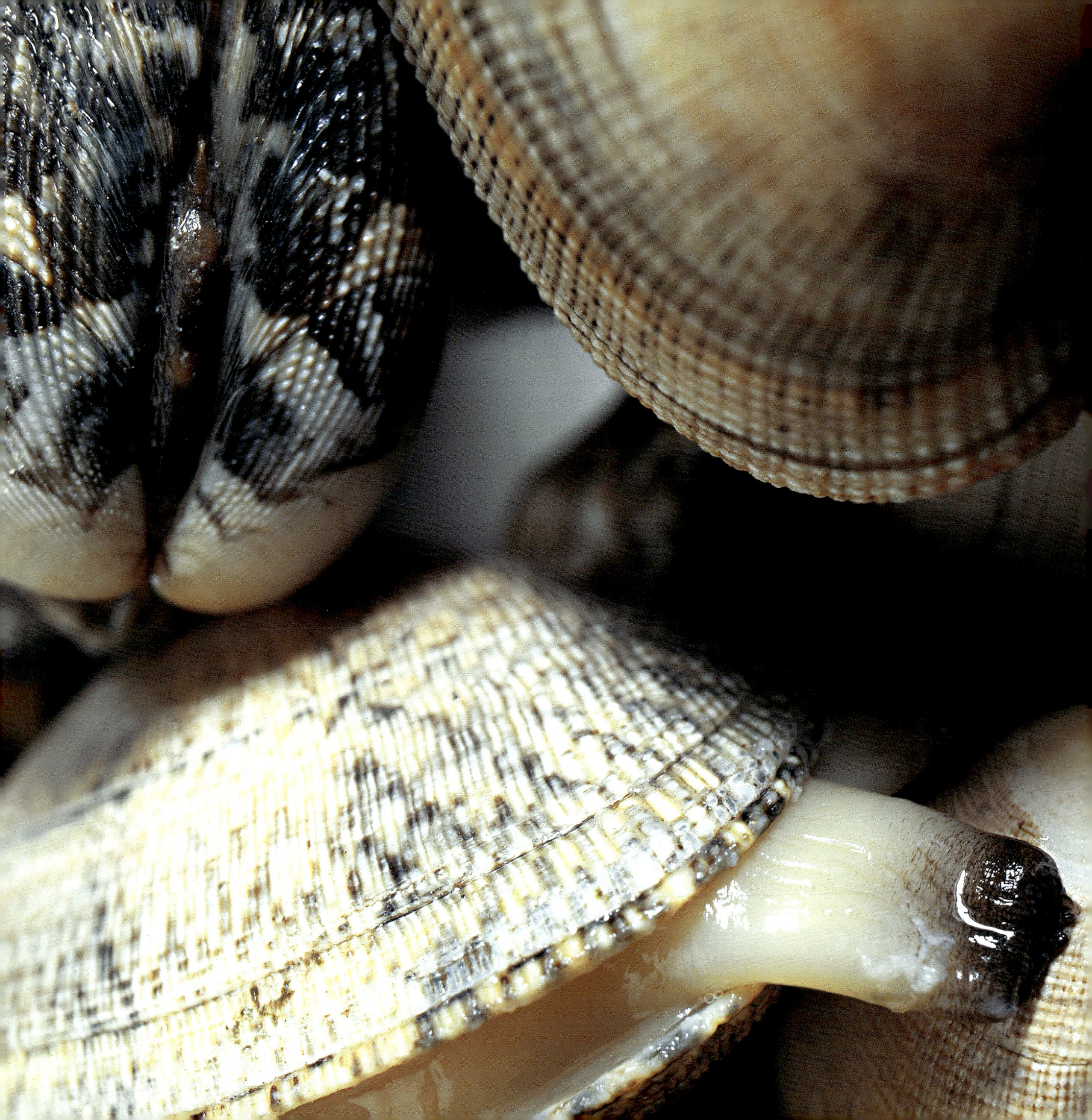

Alcachofas con almejas

Ingredientes

24 alcachofas (los corazones ya limpios) frescas y tiernas
350 g de almejas (fina o babosa)
2 dientes de ajo
fumet de pescado
aceite
harina
sal
perejil

Preparación

Los corazones de alcachofas se cuecen en una cacerola con agua, sal y un chorro de zumo de limón. Ya cocidas, se escurren con cuidado y se reservan.

Aparte se preparan unas almejas a la marinera, según costumbre, teniendo siempre en cuenta que precisan de un remojo previo en agua con sal para que suelten la arenilla residual que puedan tener.

En una sartén con aceite se rehogan los corazones de alcachofa junto con unos ajos muy picaditos; se mezclan con las almejas, se añade un poco de caldo de pescado y harina (ésta para que la salsa espese un poquito), hierve suavemente durante unos momentos y se sirve de seguido.

Nota

Hay quienes gustan de aromatizar el caldo con un toque de fino andaluz.
La almeja fina corresponde a la especie *Ruditapes decussata L*. Es de excelente calidad y las de mayor tamaño suelen llamarse "de cuchillo". La almeja babosa es la *Venerupis pullastra Lamarck*; su calidad es muy buena, pero inferior a la fina. La denominada almeja japonesa, *Ruditapes phillipinarum Adams*, suele ser de cultivo en piscifactoría.

Almejas al natural

Ingredientes

8 almejas de clase fina o babosa, de tamaño grande
y muy frescas, para cada comensal
limón cortado en gajos
cava brut o brut "nature" frío (no helado)

Preparación

Las almejas deben permanecer durante un cierto tiempo en un baño de agua ligeramente salada, para que suelten la posible arena que posean. Después, se lavan muy bien al chorro de agua fría.

En una bandeja de servicio se dispone un lecho de hielo picado en grueso y, alrededor, una corona de lechuga fresca picada en juliana también gruesa. Sobre el lecho de hielo se disponen las almejas previamente abiertas con un cuchillo, adornando el conjunto con gajos de limón.

Se ofrece la bandeja a la mesa en compañía de un excelente cava brut, que se sirve en cubitera con hielo.

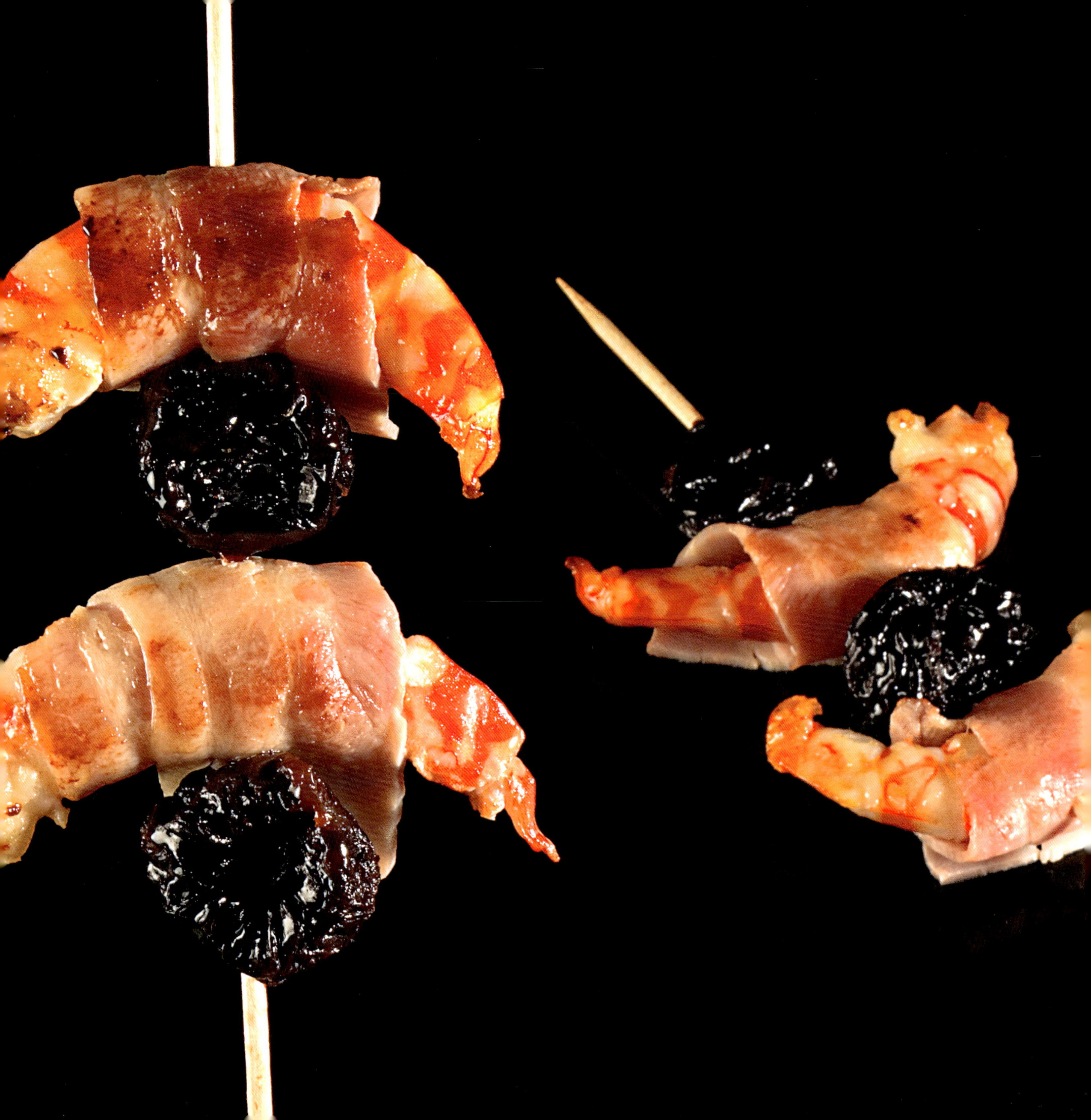

Brochetas de langostinos y ciruelas pasas

Ingredientes

4 langostinos
4 ciruelas pasas (de California)
4 lonchas finas de beicon
aceite
sal

Preparación

Los langostinos, ya limpios, se pelan en crudo (las colas) dejando el extremo de la cola y la cabeza. Esta colas se alabardan con una fina loncha de beicon.

En una brocheta se ensartan, alternadamente, cuatro langostinos y cuatro ciruelas de California (pasas); se sazonan al gusto y se hacen a la parrilla ligeramente bañados con un toque de aceite de oliva.

Se sirven en plato decorado con unas hojas de lechuga (si son grandes, se trocean) y tomatitos avellana.

Cigalas y langostinos en gratinado de dos salsas

Ingredientes

12 langostinos de buen tamaño
12 cigalas de tamaño medio

Para la salsa blanca (tipo besamel):
mantequilla, harina
caldo de pescado (salpimentando al gusto)

Para la salsa holandesa:
2 yemas de huevo, 2 cs de agua
mantequilla y unas gotas de limón (debe hacerse al baño María, revolviendo de continuo)

Preparación

Los mariscos se cuecen al vapor durante escasos minutos. Se retiran luego de la cazuela y, dejando las cabezas, con mucho cuidado se pelan la colas. Ya peladas se disponen, tres y tres de cada, en platos individuales de servicio resistentes al calor.

Se bañan los mariscos con las dos salsas y se llevan al horno, donde con el grill ya encendido en la posición de fuerte se gratinan hasta que las salsas tomen un precioso color dorado tenue.

Si se desea, el plato puede adornarse con patatitas avellana al vapor y tomatitos pequeños.

Creps con relleno de marisco

Ingredientes

Para las creps:
200 g de harina
1/2 l de leche
1 huevo
aceite
sal

Para el relleno (farsa):
1 centollo de 750 g
1 buey de mar de 750 g
1 bogavante (o langosta) de 500 g
1 cebolla
aceite
salsa mariscada
brandy

Para la salsa mariscada:
cebolla
ajo
aceite de oliva
caldo de pescado
2 nécoras
harina
salsa de tomate
brandy

Preparación

Para la salsa mariscada: en una sartén honda se pochan la cebolla y el ajo, picados; se suman las nécoras partidas en cuatro trozos y, después de rehogadas, se flambean con el brandy y se añaden la harina y la salsa de tomate, removiendo bien. Se agrega el caldo de pescado y, tras darle unos hervores, se tritura con la minipimer y se pasa por el chino. Finalmente, se sazona con sal.

Para el relleno: en otra sartén se pocha una cebolla picada y se flambea con brandy. Inmediatamente se incorporan un cucharón de salsa mariscada y la carne de los mariscos, desmenuzada y previamente cocida en agua con sal. Cuece todo un breve tiempo, removiendo de continuo, se aparta al poco del fuego, enfría y se reserva.

En una sartén engrasada se fríen las creps, preparados previamente mezclando la harina, la leche, el huevo batido y la sal. Uno a uno se rellenan con la farsa de marisco. Se disponen en una fuente de hornear, se salsean con la salsa mariscada y se calientan en el horno hasta estar en su punto.

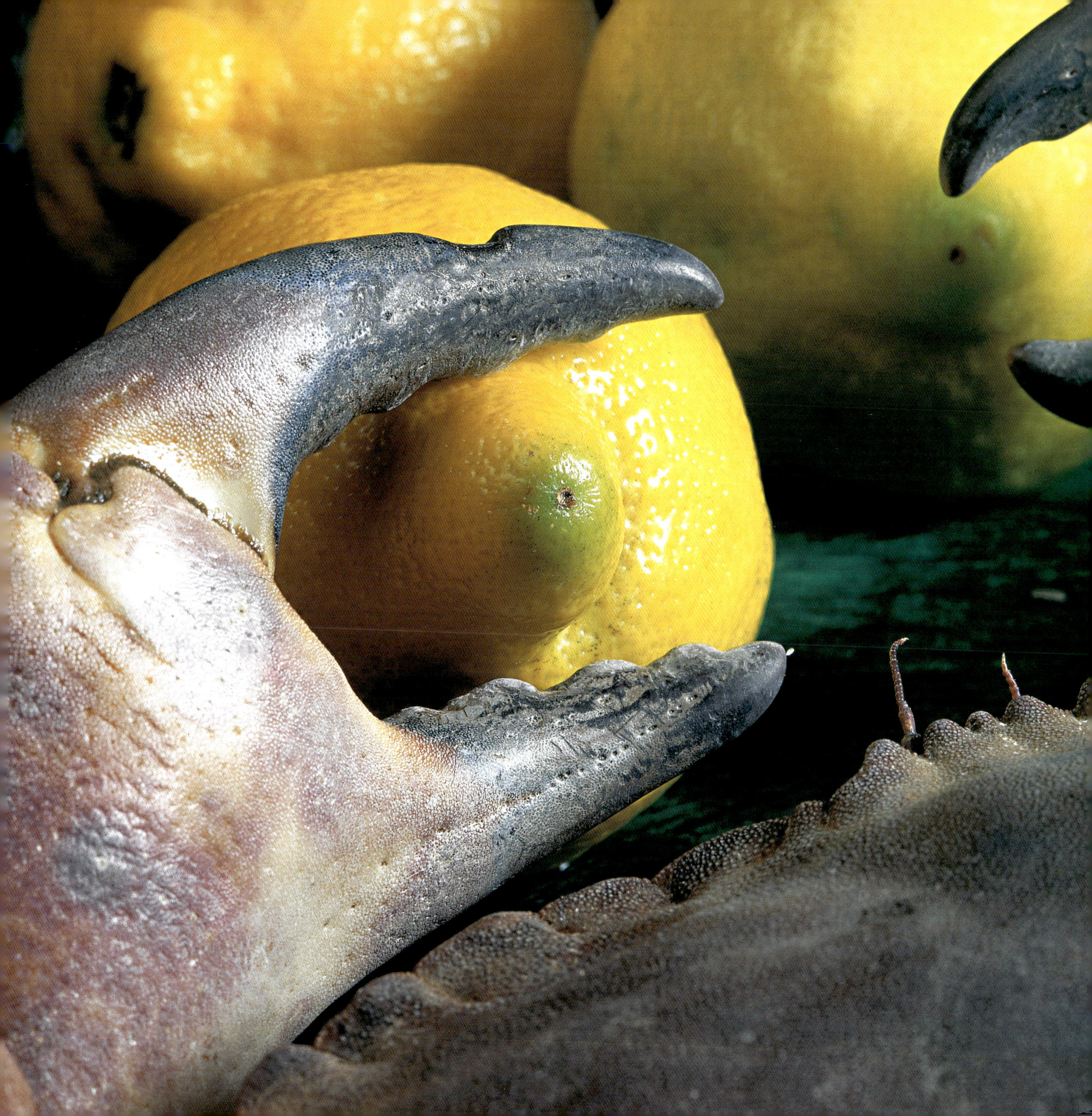

Lubina al horno con salsa de avellana al azafrán

Ingredientes
1 lubina de 2 kg (o 2 lubinas de 1 kg)
3 tomates
1 cebolla blanca
1 vaso de vino blanco de Rueda
1 vaso de caldo de pescado
aceite
sal
pimienta blanca (si gusta)

Para las salsas:
3 dientes de ajo
18 avellanas tostadas
1 sobre de hebras de azafrán

Preparación

En una sartén con aceite se pocha la cebolla, bien picada, y cuando esté a punto se suman los tomates (pelados y troceados) hasta que queden bien rehogados y en su punto. En ese momento se añaden un vasito de vino blanco y un poco de caldo de pescado (un vaso pequeño), y se le da a todo unos hervores durante unos 15 minutos. Se reserva.

A la lubina, escamada, eviscerada y limpia, se le practican dos cortes transversales (solamente en la parte superior) y se rocía con un poco de aceite. Hornea todo durante 5 minutos en horno precalentado a calor medio. Inmediatamente se baña con el salsamento anterior y se vuelve a horno fuerte.

Mientras hornea el pescado, se prepara la salsa de avellanas machacando en el mortero los dientes de ajo, las avellanas y las hebras de azafrán y se deslíe todo con un poco del caldo, que se suelta en el asado. Se vierte esta salsa sobre la lubina, unos 5 minutos antes de finalizar el asado. Ya en su punto, se sirve de inmediato.

Dos opiniones sobre el azafrán

Dioscórides en su *Materia Médica*, Libro I, nos dice del azafrán que "estimula la lujuria" y que conviene "a los emplastos que se ordenan para las indisposiciones del sieso y de la natura de la mujer". Andrés de Laguna, en el siglo XVI, advierte que "el uso moderado del azafrán alegra, penetra súbito el corazón, incita a comer y da gracioso color al rostro".

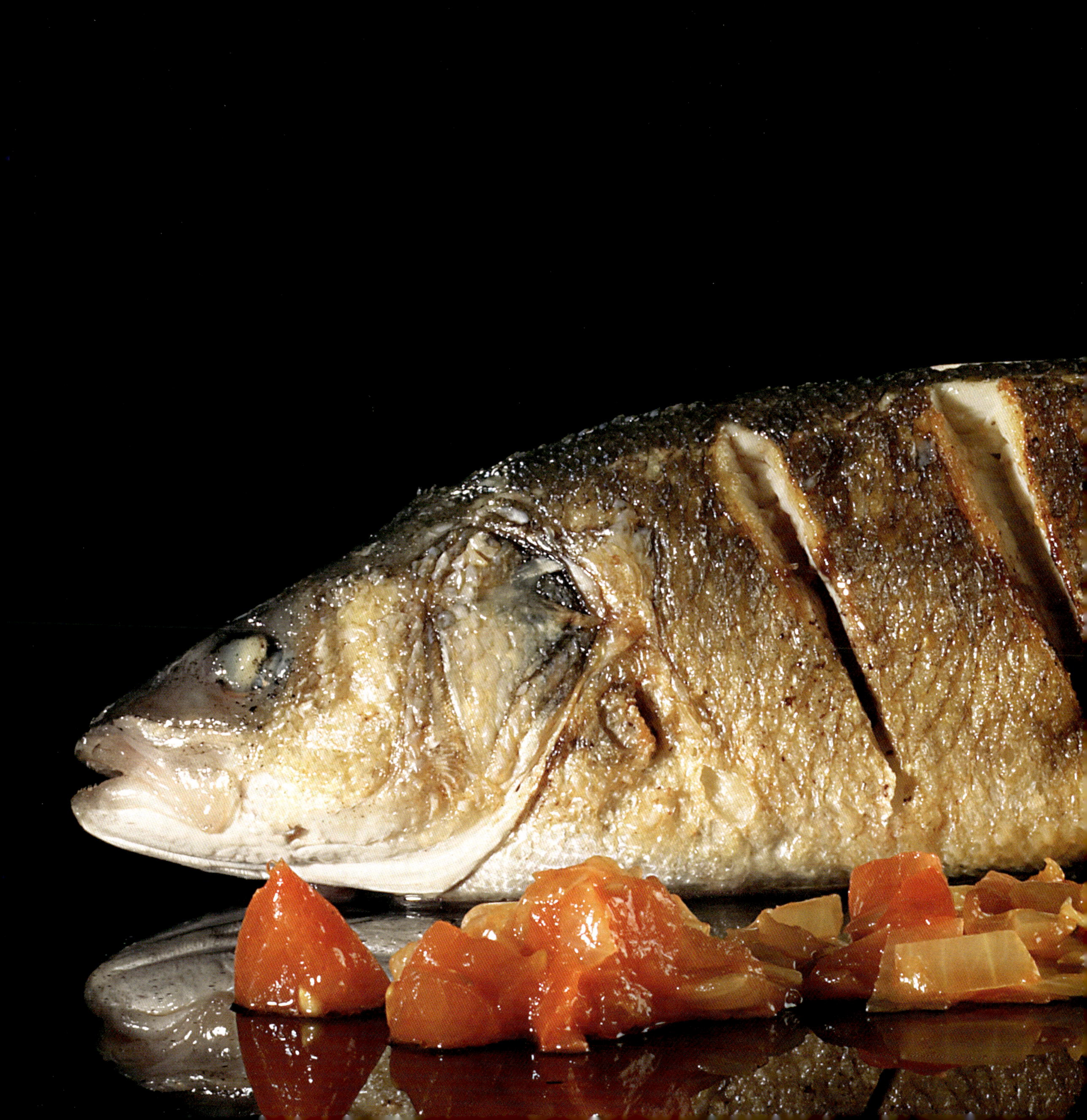

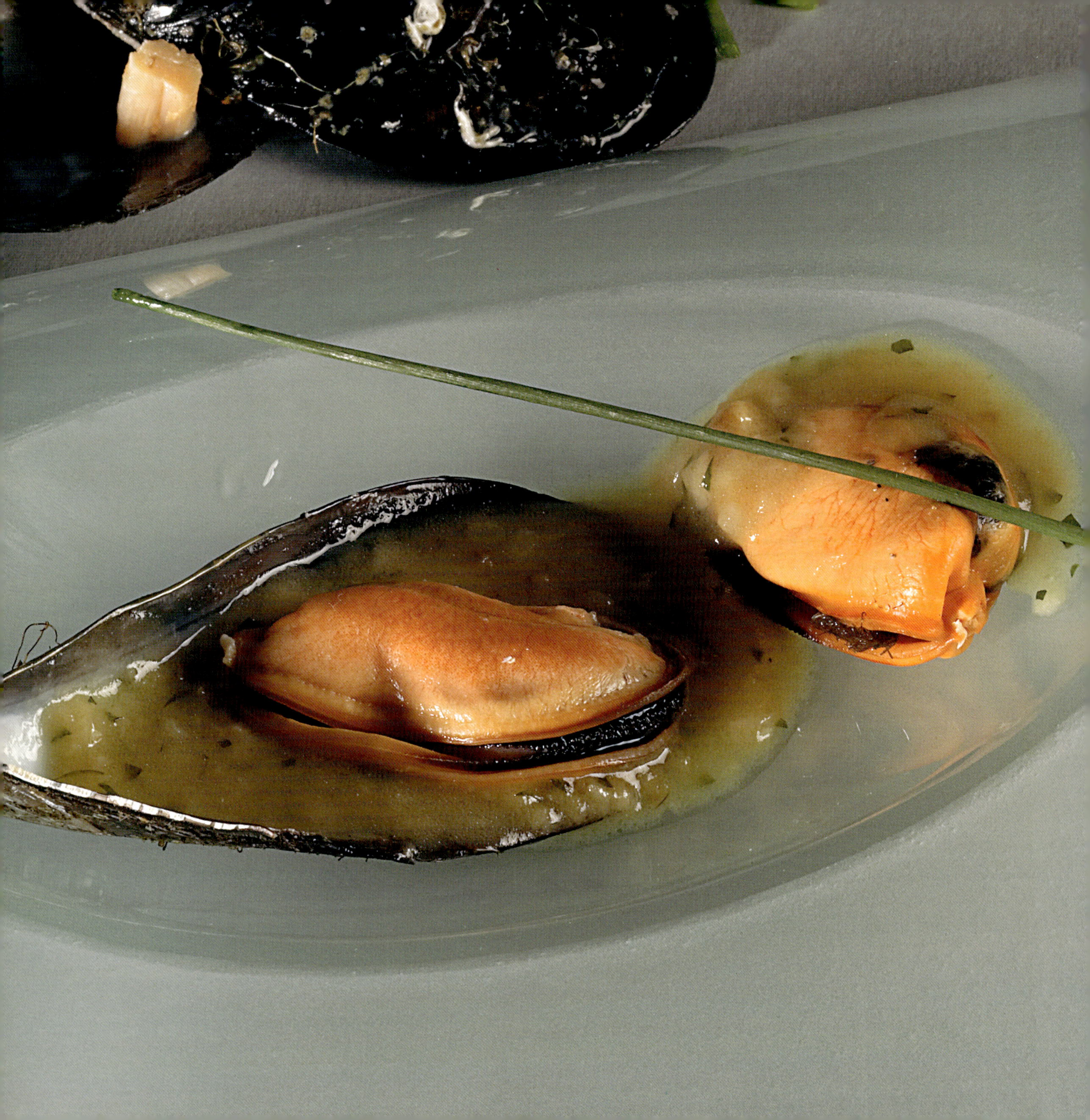

Mejillones con picardía picante

Ingredientes

1,5 kg de mejillones grandes, pesados y muy frescos
2 dientes de ajo
2 ramitas de perejil
1/4 de cebolla (o 1/2 cebolla, si es pequeña)
1 pimienta de Cayena
1 copa de fino andaluz
aceite
1 ct de harina

Preparación

Los mejillones deben permanecer unos 10 minutos en agua con un poco de sal; después se lavan al chorro de agua fría, eliminándoles las barbas y la suciedad exterior. Acto seguido, colocados en una cacerola con un poco de agua se cuecen al vapor hasta que abran las valvas. Se retiran del fuego y, ya templadas, se selecciona la carne. Previamente colada, puede reservarse un poco del agua que soltaron.

En una sartén con aceite, al fuego, fríen hasta dorarse los dos dientes de ajo cortados en láminas gruesas y la pimienta, y, una vez fritos, se retiran. En ese aceite se pocha la cebolla, picada fina, y cuando logre su punto se suma el perejil (bien machacado en el mortero y desleído en un poco de agua de cocción de los mejillones) y se aromatiza con el fino andaluz. Se añade un poco de harina y se deja que el salsamento dé unos hervores.

Se echan los mejillones en una cazuela de barro y se cubren con el salsamento anterior. Da todo unos hervores (la salsa deberá estar ligeramente espesita) y se sirve, muy caliente, en la misma cazuela.

Nota

No conviene añadir sal a este preparado: los mejillones aportan ya bastante sabor salado.

Ostras al natural

Ingredientes

8 ostras por comensal (han de ser de tamaño mediano-grande, muy frescas y perfectamente garantizadas en su depuración)
gajos de limón
cava brut o brut "nature"

Preparación

Las ostras, que habrán sido tratadas previamente en depuradora, se remojan durante 15 minutos en agua salada; después se lavan al chorro de agua fría y, finalmente, se abren con un cuchillo o con el dispositivo adecuado. Se reserva la valva que contenga la carne, y la otra se desecha.

En una bandeja de servicio se dispone un lecho de hielo picado en grueso, y alrededor se adorna con una corona de lechuga cortada en juliana gruesa. Las ostras, abiertas, se colocan sobre el lecho de hielo y en los bordes se ponen los gajos de limón.

Se ofrece la bandeja a la mesa junto con el cava colocado ya en una cubitera con hielo.

Nota

En pescaderías y marisquerías suelen encontrarse frecuentemente dos variedades de ostras cultivadas: la ostra plana (*Ostrea edulis L.*), abundante en bancos mediterráneos y atlánticos, y la ostra japonesa (*Crassostrea gigas Thunberg*), originaria del Pacífico y perfectamente aclimatada en aguas españolas. Las cultivadas en la ría del Eo (Asturias-Galicia) son excelentes.

¡OSTRAS!

El diccionario nos explica que ¡ostras! es interjección que indica sorpresa o asombro.

Y es verdad, puesto que la historia nos narra cómo este molusco bivalvo ya era apreciadísimo -y esto desde tiempos antiquísimos- como eficaz emenagogo (facilita la menstruación) y poderoso afrodisíaco. Se cuenta que el emperador romano Aulo Vitelio, *el Germánico*, del siglo I de nuestra era, gran glotón y un tanto vicioso, solía consumir de una sola vez nada menos que ¡32 docenas de ostras! Y que el médico francés Jean Baptiste Gastaldi (1674-1747) quedaba satisfecho con una ingesta de unas ¡40 docenas!

Como ven, es para decir ¡ostras!

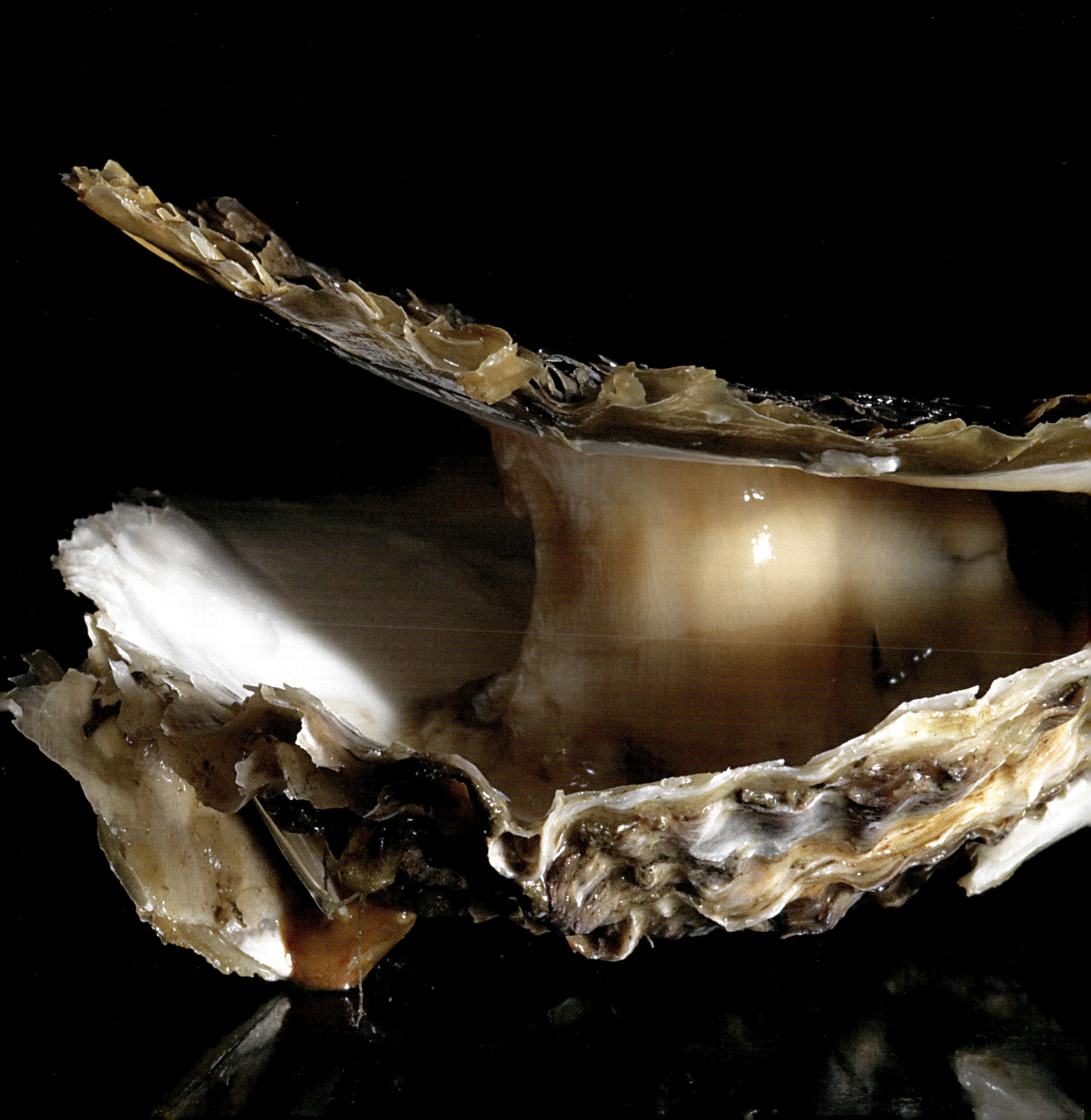

Rape alangostado sobre crudité de zanahoria y achicoria

Ingredientes

1 cola de rape grande, limpia y sin piel
40 g de pimentón dulce
1 vasito de vino blanco
1/2 vaso de aceite
zanahorias
unas hojas de achicoria
salsa fría al gusto (vinagreta, mayonesa, salsa rosa, salsa tártara…)

Preparación

Se divide la cola de rape, a lo largo, en dos mitades para, así, eliminar la espina central. En un bol se ponen el aceite, el vino blanco, la sal y el pimentón, mezclándolo todo muy bien hasta conseguir un todo homogéneo.

Cada trozo de rape se embadurna bien con el preparado de pimentón y, envuelto en un paño y atado, se cuece en agua durante 30 minutos escasos. Ya cocido, se retira, escurre y deja enfriar.

Una vez frío el pescado, se le quita el paño de envoltura y se va cortando en medallones que imitan a los de cola de langosta o de bogavante.

En cada uno de los platos de servicio se dispone un lecho de zanahoria y achicoria cortadas en tiras largas y finas (a modo de juliana) que, rizadas, se entremezclan entre sí. En el centro se dispone un medallón de rape, y en los bordes, formando corona o cruz, otros cuatro más.

Se acompaña ofreciendo en salsera aparte diversos tipos de salsa frías.

La buena zanahoria

La zanahoria, por su riqueza en vitaminas A y C, es eficaz para casos de anemia, escorbuto, etcétera, que suponen carencias en tales vitaminas; y por su aspecto formal, con analogía de pene, puede suponérsele cierta acción afrodisíaca. Y si la medicina griega y árabe decían de esta planta que "despierta la virtud genital y vale para hacer empreñar", la poesía picaresca española del siglo de Oro apunta más hacia "la forma". He aquí una muestra espigada en el *Cancionero* de Sebastián de Horozco (siglo XVI):

Si os queréis hacer preñada
tomad, si que se publique,
zanahoria encañutada
con zumo de riñonada
sacado por alambique.

Por tierras de Hispanoamérica asignan a la zanahoria el apodo de "consuelo de viudas". ¿Por qué será?

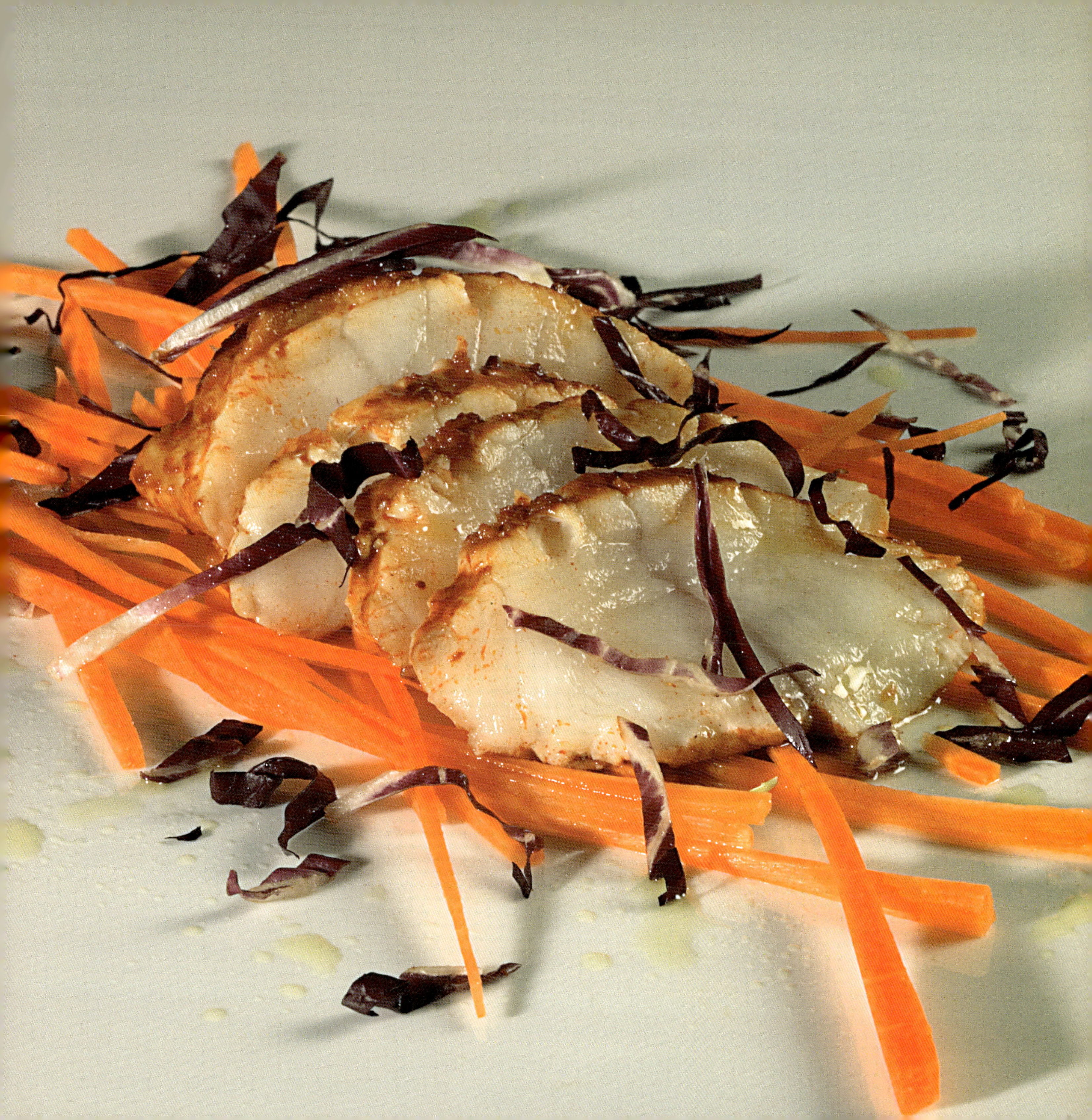

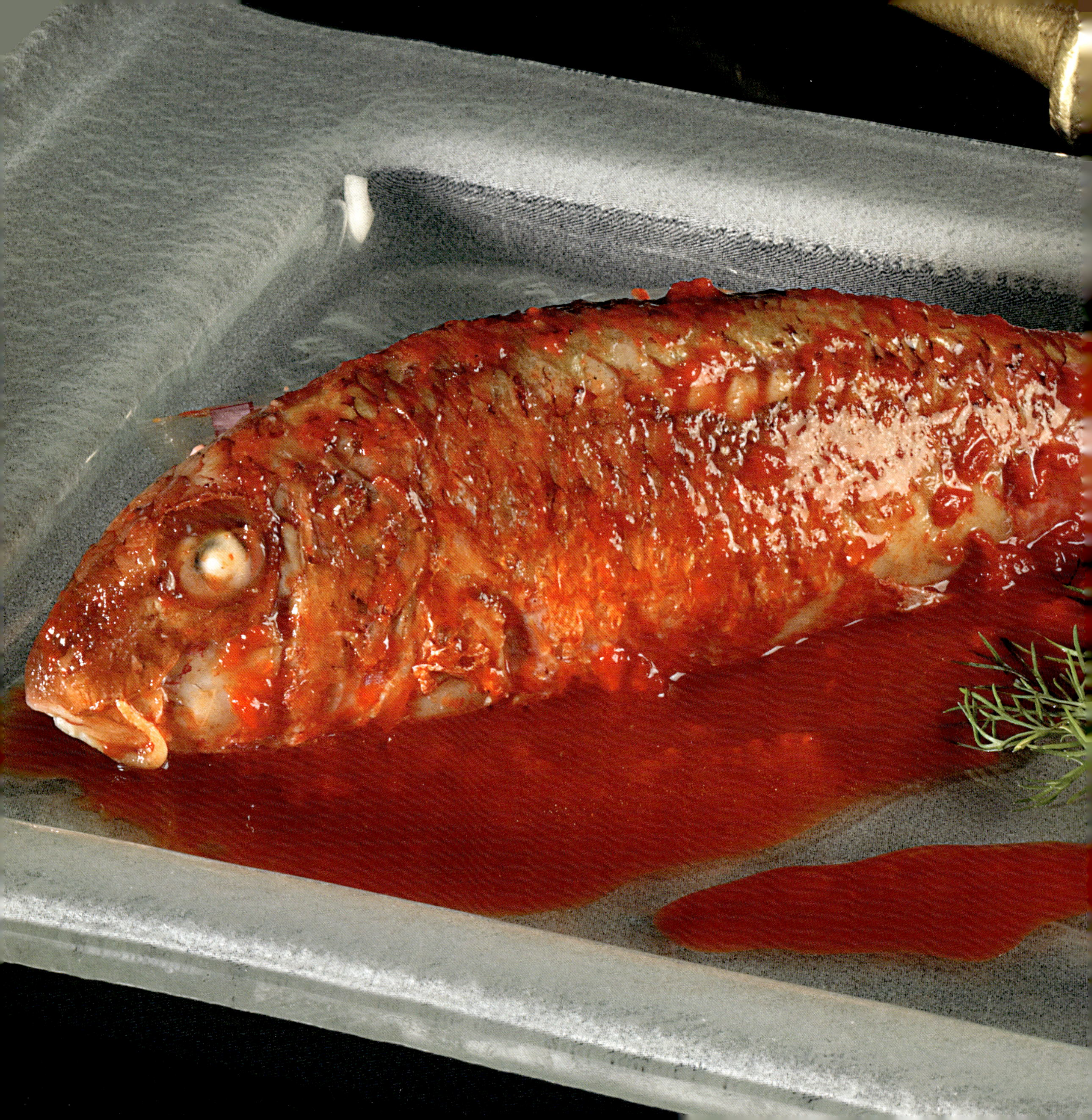

Salmonetes al aroma de hinojo

Ingredientes

8 salmonetes de roca, de tamaño mediano
2 cs grandes (soperas) de mantequilla
2 ramitas de hinojo fresco
1 vaso de vino blanco recio (tipo castellano)
1/4 de pimiento morrón en conserva
zumo de limón
aceite de oliva
sal
pimienta (al gusto)

Preparación

Los salmonetes, ya desescamados y eviscerados, se lavan al chorro de agua fría; se secan y se sazonan con sal y pimienta al gusto.

Aparte, en un cazuela con un poco de agua se echa el hinojo y da unos hervores suaves unos 15 segundos. Se retira, escurre y distribuye en el fondo de una fuente refractaria.

Se disponen los salmonetes sobre el lecho de hinojo y se rocían ligeramente con el vino, el aceite y el zumo de limón. Hornean a 180-200 °C.

Se tendrá preparada una mezcla de mantequilla y pimiento (se tritura con la minipimer y se pasa por el chino si es preciso) y con ella se barnizan los salmonetes casi al final del asado. Hornean unos minutos más y se sirven adornando con un espolvoreo de perejil.

Salmones, salmonetes y truchas asalmonadas

El salmón es considerado como príncipe de los ríos porque, aunque morador de aguas saladas, viene a desovar a los ríos continentales alardeando de su bellísimo color plateado y de su carne sonrosada. De este pez se ha escrito que es más afrodisíaco que la carne recia de vacuno y de efectos más inmediatos. Las truchas asalmonadas, también de carne rosácea, gozan de fama de potenciadoras del deseo sexual, máxime, si, como hacen por los países nórdicos, se ofrecen ahumadas.

De los salmonetes se dijo que son anafrodisíacos, y que quien los consume abandona temporalmente sus deseos de hacer el amor. No lo crean; la experiencia demuestra lo contrario.

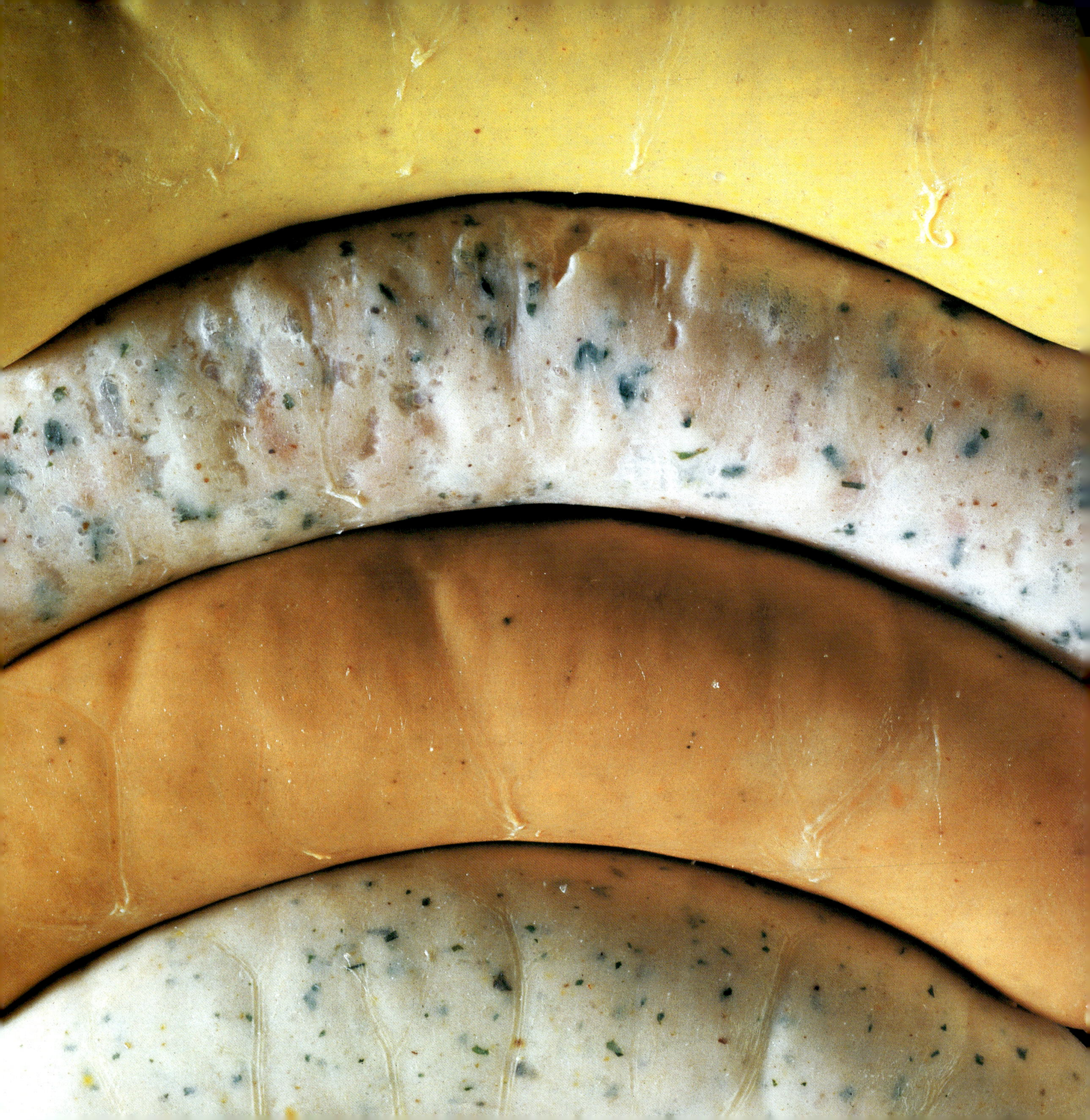

3

El placer de la carne
y de los huevos

No hay que darle más vueltas al asunto, porque las cosas son como son. Y nuestra realidad, y esto desde los tiempos más antañones, nos enseña que hasta entrado el siglo XVIII -y nosotros somos herederos de esa cultura- el saber y la práctica médicas, e incluso el saber y la práctica de la medicina popular (la de los curanderos y sanadores), tenían su fundamento en el llamado paradigma galénico; es decir, en ese cuerpo de doctrina médica nacido y desarrollado tras siglos de estudio de las obras de Galeno, llevado a cabo en las culturas latina y árabe.

Y, ¿qué columnas conceptuales soportan esa doctrina?

Se admite que los alimentos y las medicinas que procuran la salud se caracterizan por cuatro cualidades (lo frío, lo seco, lo cálido y lo húmedo) que condicionan la existencia de cuatro humores (sangre, flema, bilis amarilla y bilis negra), definitorios de una cuádruple tipología de caracteres y comportamientos humanos (sanguíneos, flemáticos, melancólicos y coléricos).

Si bien, en general, se suponía que el cuerpo humano es húmedo y cálido, también se admitían posibles cambios en estas cualidades debido a la edad y al sexo de las personas, a su hábitat, a sus realidades de trabajo, etcétera. Por ejemplo, los meridionales son más cálidos que los norteños; los ancianos (ahora se dice mayores) son más fríos que los jóvenes; las mujeres son más secas y más frías que los varones...

Por tanto, y moviéndonos ya en un punto de comportamiento sexual, siempre relacionado con lo húmedo y cálido (tan propio de la juventud), es indudable que una alimentación afrodisíaca debe potenciar aquellos humores cálidos y húmedos que estén en defecto y, ¿por qué no?, evitar aquellos otros perjudiciales que se manifiesten en exceso. Lo frío y lo seco de la vejez puede ser contrarrestado con una sabrosa y excitante alimentación cálida y húmeda.

¡Vaya!, lo que pretendemos demostrar, aquí y ahora, es que mucho antes de que Chateaubriand y Rossini pregonaran las excelencias de un buen bistec o de un grandioso chuletón, y antes también de que Havelock Ellis publicara sus conclusiones sobre la psicología del sexo, las gentes de a pie, que saben mucho y bien, ya afirmaban que "gran comer es olla de carne y mucho cumple y abastece".

Más aún, Luis Lobera de Ávila, el que fuera médico de Carlos I de España y V Emperador de Alemania (rey que en esto de amores nunca mostró parquedad), aconseja según el criterio de Avicena que "todas las carnes o son templadas, a respecto de nuestra complexión, o exceden de parte de calor o frialdad o de parte de sequedad y humedad. Si son templadas son sanas para cuerpos templados, pero si son de su natural secas, son mejores cuando más "apropincuen a su nascimiento". Respecto de las aves, el médico imperial no se anda con remilgos de alabanza: "La carne de perdiz es de maravillosa substancia; la carne de gallina es muy amigable al estómago y su caldo conforta e tiempla e da substancia más que otro caldo; la carne de tórtolas es de buena substancia e tiene la maravillosa propiedad en aguzar el ingenio más que otra carne alguna..."

Y por si quedara alguna duda sobre la intencionalidad de estas afirmaciones, concluye: "Si alguno hubiere usado el coitu guárdese de sangrarse, ni de hacer grande exerxicio, ni de sudar en el baño. Use de manjares que aumenten la virtud e simiente, así como de huevos, hígados de gallina, algún pisto, alguna perdiz nueva, buen vino grueso y dulce u otro vino añejo bueno o otras cosas semejantes. E traiga consigo cosas que huelan bien e arogmáticas e duerma lo que pudiere".

"La materia culinaria, con toda su brutalidad (el alimento natural) -escribe Noëlle Chatelet- o en su fase final (el plato cocinado), es en sí misma un lenguaje codificado por la tradición alimenticia y por la red más interior y más íntima de una simbología a la que no es nada ajena la fantasía. El alimento es portador de mensajes a pesar suyo; primero, porque la sociedad se lo otorga, pero también porque la imaginación tiende a sondear sus inagotables riquezas".

El pensamiento de Roland Barthes (*Mitologías*. Siglo XXI. Madrid, 1980) es clarísimo: "La carne, como el vino, tiene un poder de médium sobre el temperamento, para el que representa un aporte complementario o compensatorio. La sangre es la esencia de los temperamentos, en los sanguíneos por identidad, en los nerviosos y linfáticos por compensación".

Carnes de vacuno, de porcino, de ganado lanar... Carnes frescas, sangrantes, preparadas a la plancha o a la parrilla; carnes ahumadas, siempre excitantes y placenteras; carnes en salazón como esas cecinas castellano-leonesas o esos jamones de tierras extremeñas, salmantinas y andaluzas… Caza de pelo y de pluma. Corzos, jabalíes, venados, gamos, liebres, conejos, perdices, codornices, faisanes, palomas…"

La caza, en todas sus versiones, es llamada de aventura y símbolo de conquista, que es lo mismo que decir sinónimo de virilidad. Aunque, ¡ojo!, ya advierte el refranero que "si en caza y en amores te metieres, saldrás cuando pudieres" puesto que frecuentemente la desgracia o el remordimiento acompañan "al cazador loco que gasta su vida tras un pájaro por tomar otro".

Y ya que se habla de aves, sean salvajes o de corral, no deben quedar en el olvido los huevos.

El huevo ha tenido, y aún conserva -en toda la historia de la humanidad, y en todas sus múltiples culturas-, una enorme carga simbólica de creación, de renacimiento (nuevo nacer), de origen de vida. Nada tiene de extraño, en consecuencia, que se asocie a este producto -dejando a un lado su aspecto formal, análogo, en cierto modo, a los testículos y a los óvulos- a todo acto que estimule, favorezca o conduzca a la procreación. En definitiva, al deseo sexual.

Culturas tan dispares y tan distantes como pueden ser las norteafricanas, las asiáticas y las centroeuropeas refieren un punto común dentro de las ceremonias nupciales: la rotura, lanzándolos al suelo o contra una pared, de uno o varios huevos de gallina. Una doble intencionalidad encierra este acto: representar la desfloración de la desposada y asegurar su fecundidad.

Carne y huevos: una tentación, un placer, pero nunca un pecado.

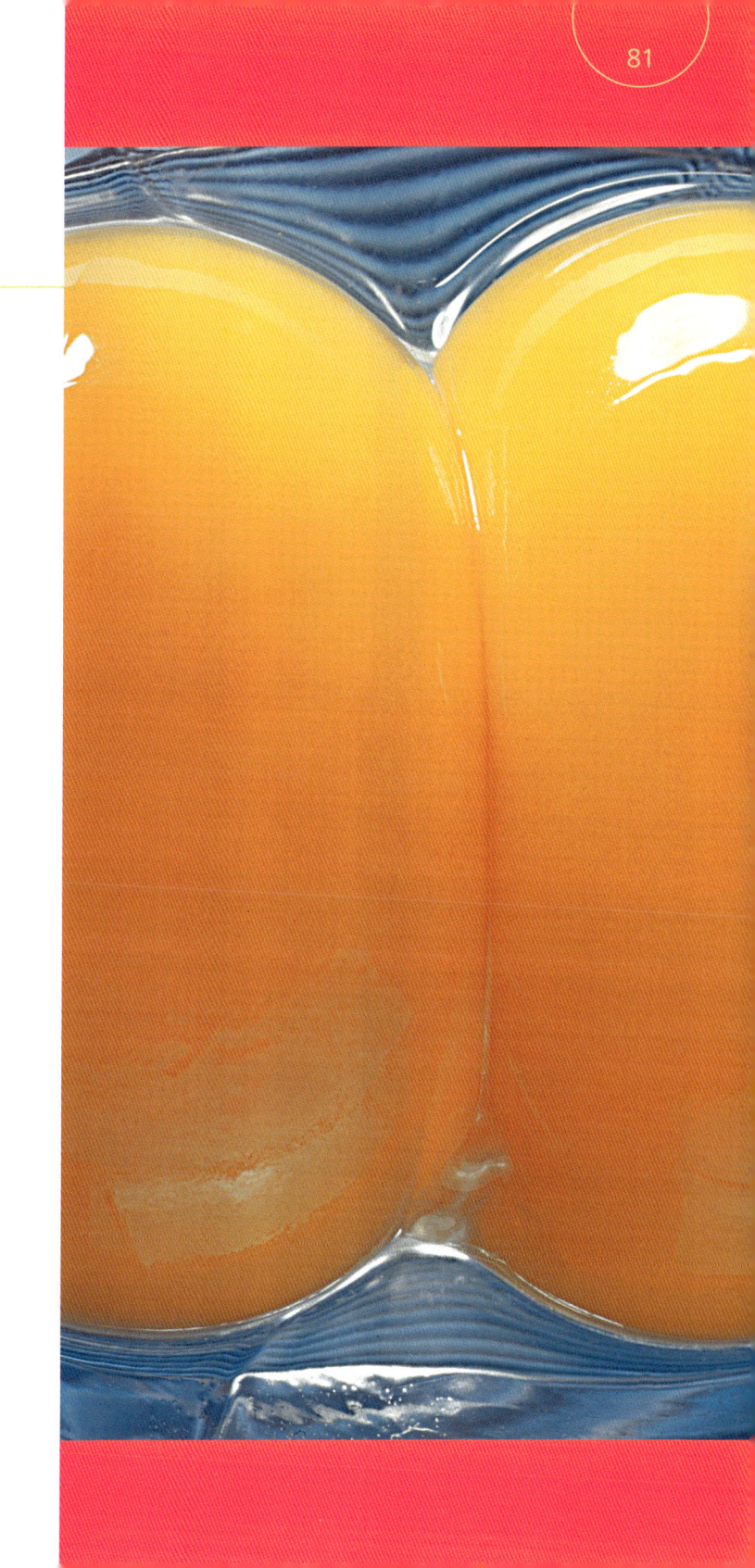

Pollo a la parrilla en adobo oriental

Ingredientes

1 pollo de 1,5 kg
2 dientes de ajo
1/2 ct de chiles muy picaditos
1/2 ct de cilantro muy picado
1 trozo de jengibre bien machacado (unos 2,5 cm)
un toque de salsa *Perrins*
sal
pimienta
azafrán
curry *en polvo*

Preparación

El pollo, ya limpio, se trocea siguiendo las articulaciones para, así, obtener 2 muslos, 2 contramuslos y 2 medias pechugas. El resto (alas, costillares, cuello, riñonada…) se aprovecha para preparar un caldo o para complementar un arroz en paella.

En un bol adecuado se prepara un adobo mezclando el jengibre y el ajo, previamente machacados en el mortero y todo unido a los chiles, el cilantro y la salsa *Perrins;* salpimentando después con la sal, la pimienta blanca, el azafrán en polvo y el *curry* (según el gusto de cada cual).

Se adoba el pollo con este adobo y reposa, así, en lugar fresco durante un día. Conviene darle vueltas de vez en cuando (por ejemplo, cada 4 horas -del día, no en la noche-) para que se impregne bien con los aromas y sabores de las especias.

Los trozos de pollo, adobados, se asan al *grill* o en parrilla. Requiere un tiempo aproximado de unos 10 minutos por cada cara, debiendo quedar bien doraditos al exterior y pasados y jugosos en el interior. Se sirven con patatas avellana al vapor, tomatitos *cherry* y unos gajos de limón.

Nota

El aroma y sabor del *curry* son un tanto dominantes, de ahí que deba utilizarse con cuidada moderación.

Una opinión autorizada

J. J. Rousseau, escritor y pensador francés, se manifestaba como vegetariano de pensamiento, pues, para él, el consumo de carne suponía imágenes de violencia, de destrucción, de odio y de muerte. "La carne demasiado codiciada genera y libera violencia y prepara el camino a una sexualidad desbordada, a un apetito de erotismo donde su dulzura y su sensualidad juveniles no quieren perderse" (Chatelet, N.: *La aventura de comer.* Júcar. Gijón, 1985).

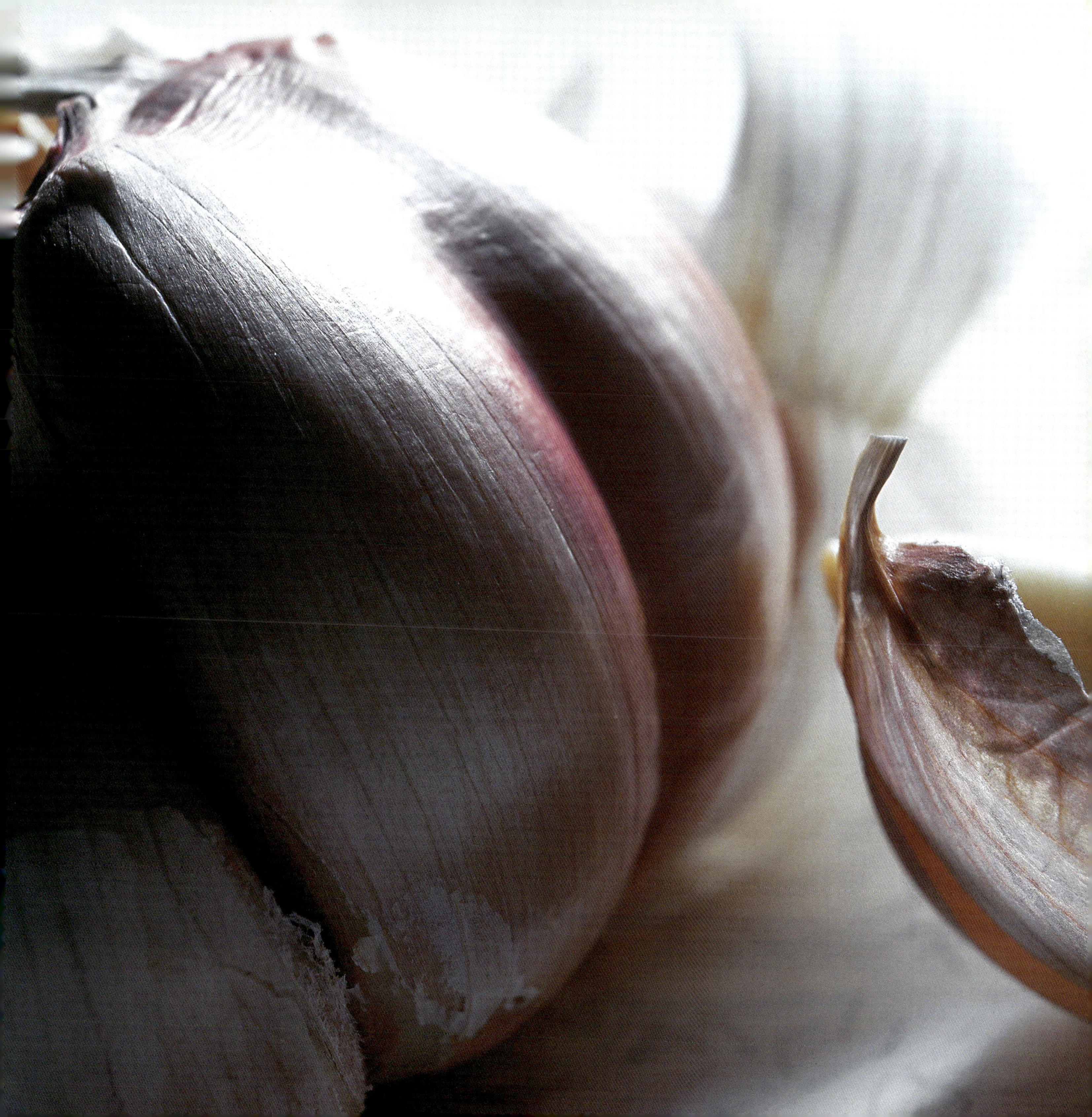

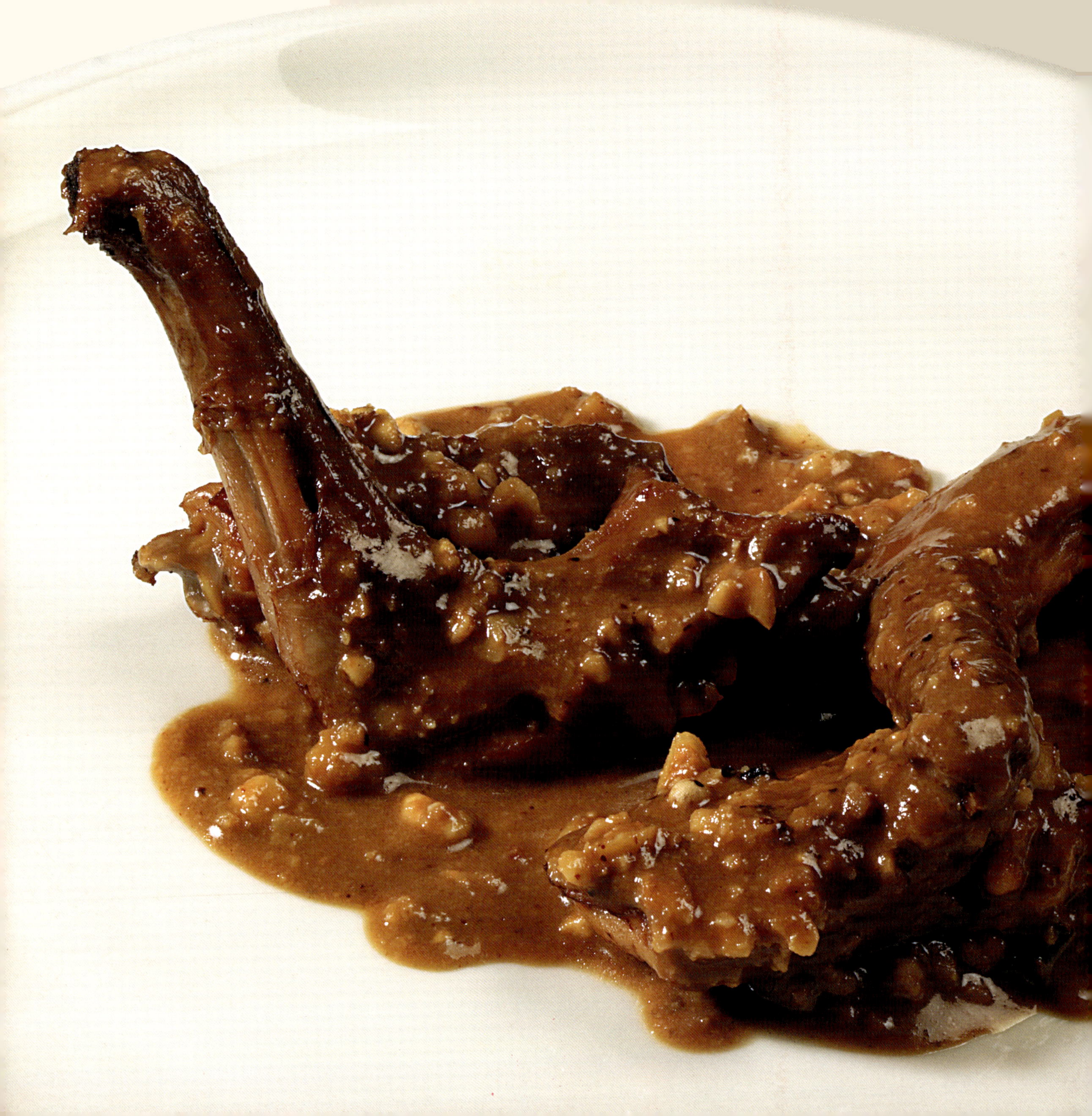

Conejo en salsa de avellanas

Ingredientes

1 conejo de corral joven y tierno
8 avellanas molidas
3 dientes de ajo asados
2 granos de pimienta negra
1-2 clavos de especia (según gustos)
1 cebolla
1 hoja de laurel, una ramita de perejil
aceite, sal, caldo de carne

Preparación

Ya perfectamente limpio, se corta el conejo en trozos medianos, que se estofan en una cacerola, según costumbre, con cebolla, laurel, perejil (todo en crudo), aceite, sal y caldo de carne (lo que precise que, normalmente, es un tazón). Cuece luego a fuego lento hasta que esté en su punto.

Aparte, en un mortero, se machacan los dientes de ajo asados, el clavo de especia, los granos de pimienta y las avellanas molidas. Esta pasta se suma a la salsa del conejo. Da todo unos hervores y se sirve de seguido.

Nota

En las farmacopeas medievales y en los tratados médicos y botánicos, al menos hasta el siglo XVIII, se consideró a la avellana con un manifiesto poder afrodisíaco. En este sentir el Hortus sanitatis, obra publicada en Augsburgo en 1487, aconseja una mezcla de avellana y satirión *(Plantathera bifolia)* para que "el marido pueda satisfacer plenamente los deseos de su esposa".

El buen clavo... de especia

Los árabes, cuya ciencia médica hizo escuela en España con Avicena e Ibn Waffid, entre otros, pregonan las propiedades afrodisíacas del clavo de especia en estos términos: "*dona grand volontat de jaher ab femma* (proporciona un gran deseo de acostarse con mujer)"; hecho que confirma la *Pharmacopea matritensis* en 1762: "*Caryophylli vehementer calefaciunt: caput, cor; stomachum et nervos potentissime roborant*" (Los clavos de especia calientan vehemente la cabeza y el corazón; y fortalecen poderosamente el estómago y los nervios).

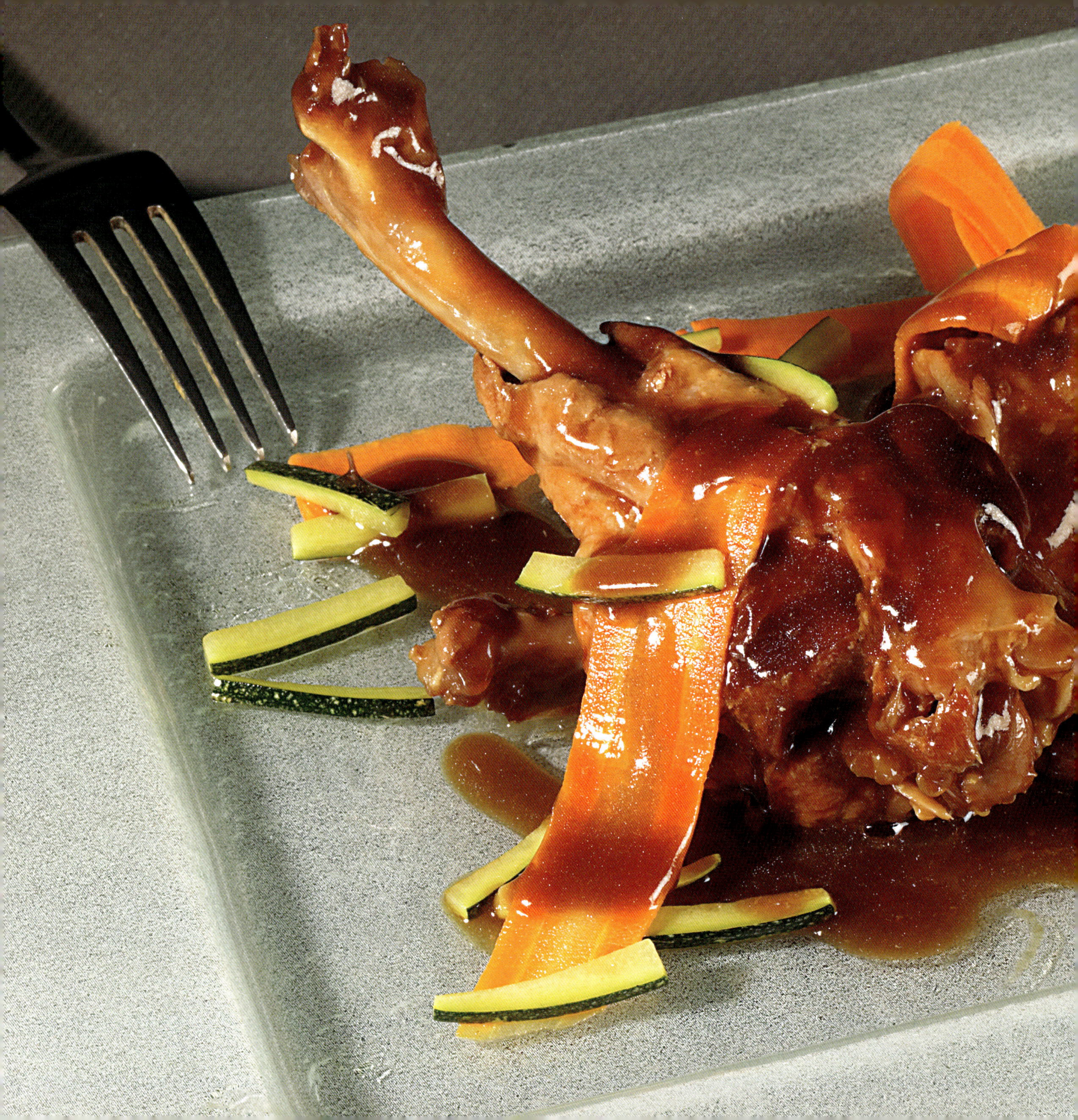

Pato con guarnición de verduras y salsa de chocolate

Ingredientes

1 pato (mejor si es salvaje)
2-3 cebollas
2 zanahorias grandes
1/2 botella de vino blanco recio (tipo castellano)
aceite
sal
vinagre de vino blanco
pimienta negra
1 ramito de hierbas aromáticas (bouquet garni)
1 onza de chocolate negro y amargo
el zumo de 1 limón
guarnición de verduras al gusto (judías verdes, zanahorias, patatas…)

Preparación

En una cazuela con un poco de aceite se pochan las cebollas y las zanahorias cortadas en fino; se retiran y reservan. En el mismo aceite se dora el pato, previamente limpio y pinchado con un punzón. Ya dorado, se retira y reserva.

Se añaden 4 cucharas de vinagre a la grasa de la fritura y se reduce un poco este salsamento. Inmediatamente se suman el vino, la cebolla y la zanahoria, las hierbas y los condimentos (sal y pimienta) y el pato. Cuece todo, a cacerola tapada y fuego lento, hasta que el pato esté tierno.

Se retira el pato de la cacerola, se trincha adecuadamente y se mantiene en sitio caliente. Aparte, en la cazuela, y después de retirada la grasa, se echan el chocolate y el zumo de limón, calentando hasta lograr una salsa espesa y a la vez ligera.

En una fuente se dispone un lecho de guarnición de vegetales (patatas fritas muy finas, judías verdes cocidas y rehogadas en mantequilla, láminas de zanahoria rehogadas en mantequilla…); sobre él se coloca el pato ya trinchado, y en salsera aparte se ofrece el salsamento.

Codorniz en sumo placer

Ingredientes

1 codorniz salvaje
1 gallina pequeña
1 pavita pequeña
1 trufa
2 copas de cava
1 vaso de vino tinto reserva
mantequilla
sal

Preparación

La codorniz, ya perfectamente limpia, se rellena con la trufa y con su hígado; después, al fuego en una cacerola, se ablanda con cava.

La codorniz -entera y blanda- se unta de mantequilla y se introduce en el interior de la gallina (que estará muy limpia), y se cose la abertura. Se engrasa la gallina y se rellena con ella el interior de la pavita, volviendo a cerrar con una nueva costura.

La pavita (o el pavo), engrasada y regada con vino tinto, se hornea adecuadamente de modo que su jugo pase a la gallina y el que ésta genere pase a la codorniz. Conviene que el engrasado y el baño de vino se repitan varias veces durante el asado.

Cuando pavo y gallina están bien asados (lo que requiere su tiempo) se extrae la codorniz, que se ofrece sobre una rebanada de pan frito. El jugo o salsa obtenidos se sirven en salsera aparte.

Nota

Las carnes de la gallina y de la pavita pueden utilizarse para la preparación de un salpicón o para la elaboración de croquetas…

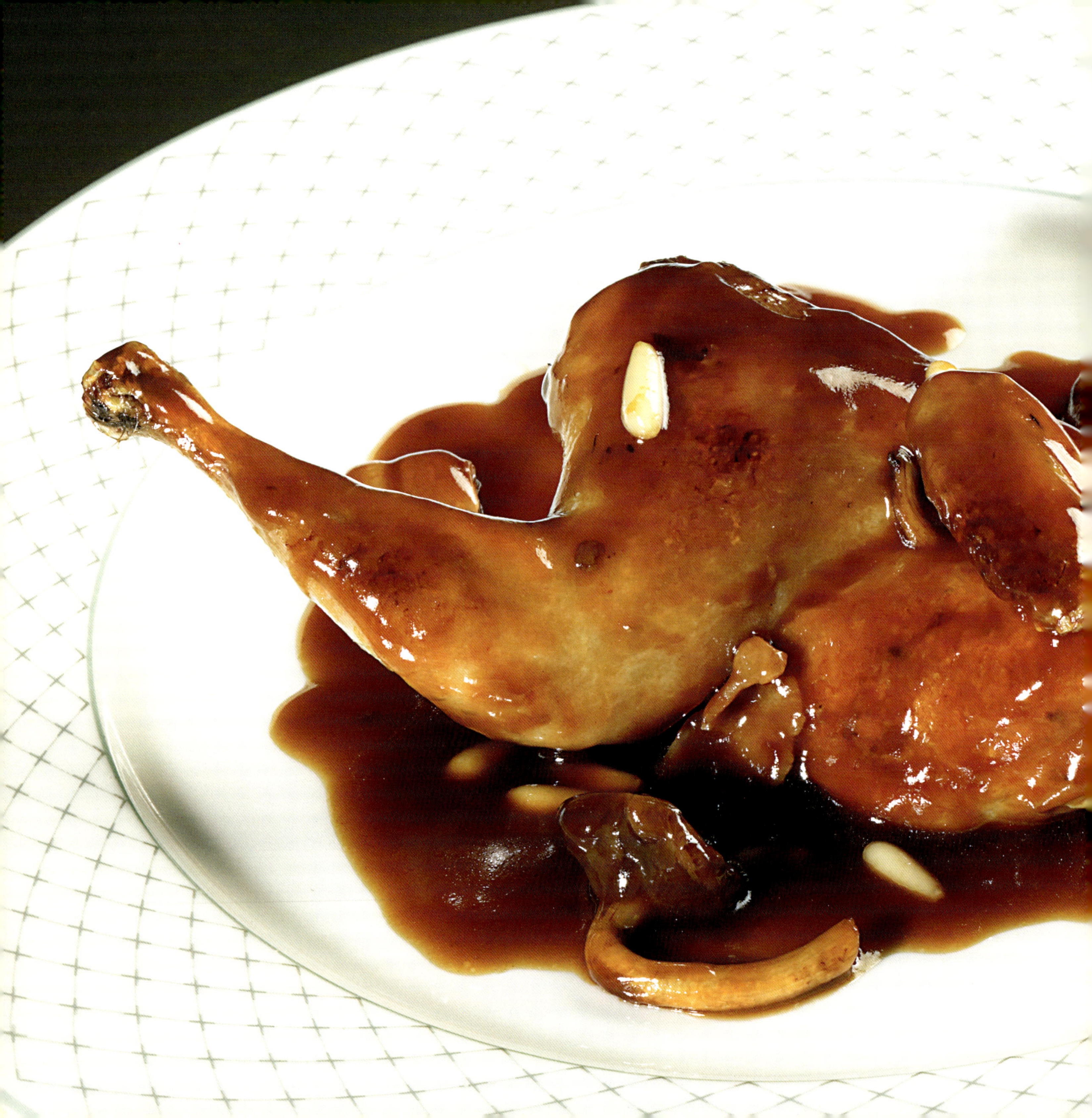

Pichones con setas de primavera y piñones

Ingredientes

4 pichones
12 setas de primavera o de cardo (en su defecto, setas de cultivo)
24 piñones machacados
3 lonchas de panceta (o tocino entreverado)
1 taza de caldo de carne o de ave
aceite
sal
harina
zumo de limón

Preparación

En una sartén con aceite se fríe el tocino y, ya dorado, se retira. En ese aceite de fritura se doran los pichones (desplumados, soflamados, eviscerados y limpios) troceados en dos mitades (a lo largo), sumando después las setas, que han de rehogar junto con ellos.

Pichones y setas se pasan a una cacerola, y en la grasa de fritura se rehoga una cucharadita de harina agregando, después, el caldo, zumo de limón y los piñones machacados. Este salsamento se suma a las setas y los pichones.

Puesta la cacerola a fuego medio, cuece todo hasta que la carne esté tierna. Se sirven en cazuela de barro (caliente) con una guarnición de coles de Bruselas cocidas y salteadas con un poco de jamón ibérico.

Nota

La palabra "pichón" y su diminutivo, "pichoncito", suelen tener una clara significación de amor tierno. Por otra parte, la frase "estar a partir un piñón" alude a los que se quieren tanto que son capaces, boca a boca, de trocear un piñón con los dientes y comérselo a medias.

Caza para tener éxito

Una de las creencias más influyentes en la motivación del deporte -y arte- de la caza mayor, especialmente en lo que se refiere a corzos y venados, es la que relaciona la captura de la pieza con la potencia sexual. Procede este mito de la época del Renacimiento francés, cuando allí se suponía que quien matara a un venado macho de acreditada cornamenta tendría asegurado el éxito en sus relaciones sexuales.

¡Vaya!, que un certero disparo impide… dar el gatillazo.

Liebre al gusto cortesano

Ingredientes

1 liebre (mejor si es salvaje)

Para el relleno:
*200 g de tocino de jamón ibérico
2 ramitas de perejil
2 yemas de huevo crudas
miga de pan (unos 100 g), sal, pimienta y 1 trufa*

Para la cocción:
*1 cebolla,
2 zanahorias, laurel, tomillo, pimienta y caldo de carne*

Preparación

Se despelleja y limpia la liebre, lavándola después muy bien y reservando el hígado. Orea durante una noche adobada con ajo y sal. El animal ha de estar entero (sin cabeza ni extremos de las patas).

Con el hígado de la liebre, el tocino, el perejil (todo muy picado y machacado en el mortero), el pan (remojado en caldo y escurrido) y las yemas de huevo se prepara un relleno. Se dispone este relleno en el interior del animal y se cose la piel de su vientre.

Se coloca la liebre (entera y rellena) en una cacerola apropiada y se añaden una cebolla (cortada en aros), las zanahorias (cortadas en láminas gruesas), el laurel, el tomillo, la pimienta (todo al gusto) y un tazón grande de caldo de carne. Cuece lentamente a fuego medio, hasta que esté blanda la carne (tarda de 3 a 5 horas). La salsa ha de resultar ligeramente espesa.

Se ofrece en fuente de servicio y, después de trinchada, se distribuye a los comensales.

Nota

La liebre y el conejo -sobre todo éste- se asocian a los genitales femeninos, sencillamente por una confusión fónica en los respectivos nombres latinos (*cuniculus:* conejo; *cunnus, cunniculus:* vulva).

Soufflé de sesos y tuétano de ternera

Ingredientes

4 huevos muy frescos
1/4 kg de sesada de ternera
6 huesos de tuétano (de ternera)
sal
pimienta
vainilla
azúcar moreno

Preparación

Separar las claras de las yemas. Las yemas se baten adecuadamente y, ya bien batidas, se mezclan con una cucharadita de azúcar moreno. Aparte, en un bol, se baten las claras hasta conseguir un punto de nieve fuerte.

Los sesos, muy limpios, se habrán cocido en agua con sal; también los huesos. Y se habrá seleccionado el tuétano. Seso y tuétano se machacan perfectamente en un mortero y se sazonan con un poco de pimienta blanca molida.

El majado de sesos y tuétano se incorpora al batido de yemas, y todo esto se suma a las claras batidas removiendo con cuchara de madera, muy suavemente, para que mezcle bien.

Se dispone esta mezcla en un molde de *soufflé*, previamente engrasado, y se hornea a fuego moderado hasta que esté a punto. Se sirve con un tenue espolvoreo superficial de vainilla molida.

Nota

El punto de horneo es el adecuado cuando tras introducir en el *soufflé* una aguja de tejer, sale limpia.

Los mejores huevos

Nadie duda del poder alimenticio de los huevos, especialmente de los de gallina, que son los más consumidos; pero, ¿qué cualidades han de tener éstos para ser considerados como los mejores?

La ciencia árabe, en boca de Avicena, nos da la respuesta.

«Los huevos, en poca cuantidad, mantienen mucho. Y en todo tiempo de cualquiera enfermedad se pueden dar huevos frescos blandos, habida intención a la virtud. Los mejores son los que son largos y pequeños, que engendran sangre apropiada al corazón. Y han de ser de gallinas que tengan gallo".

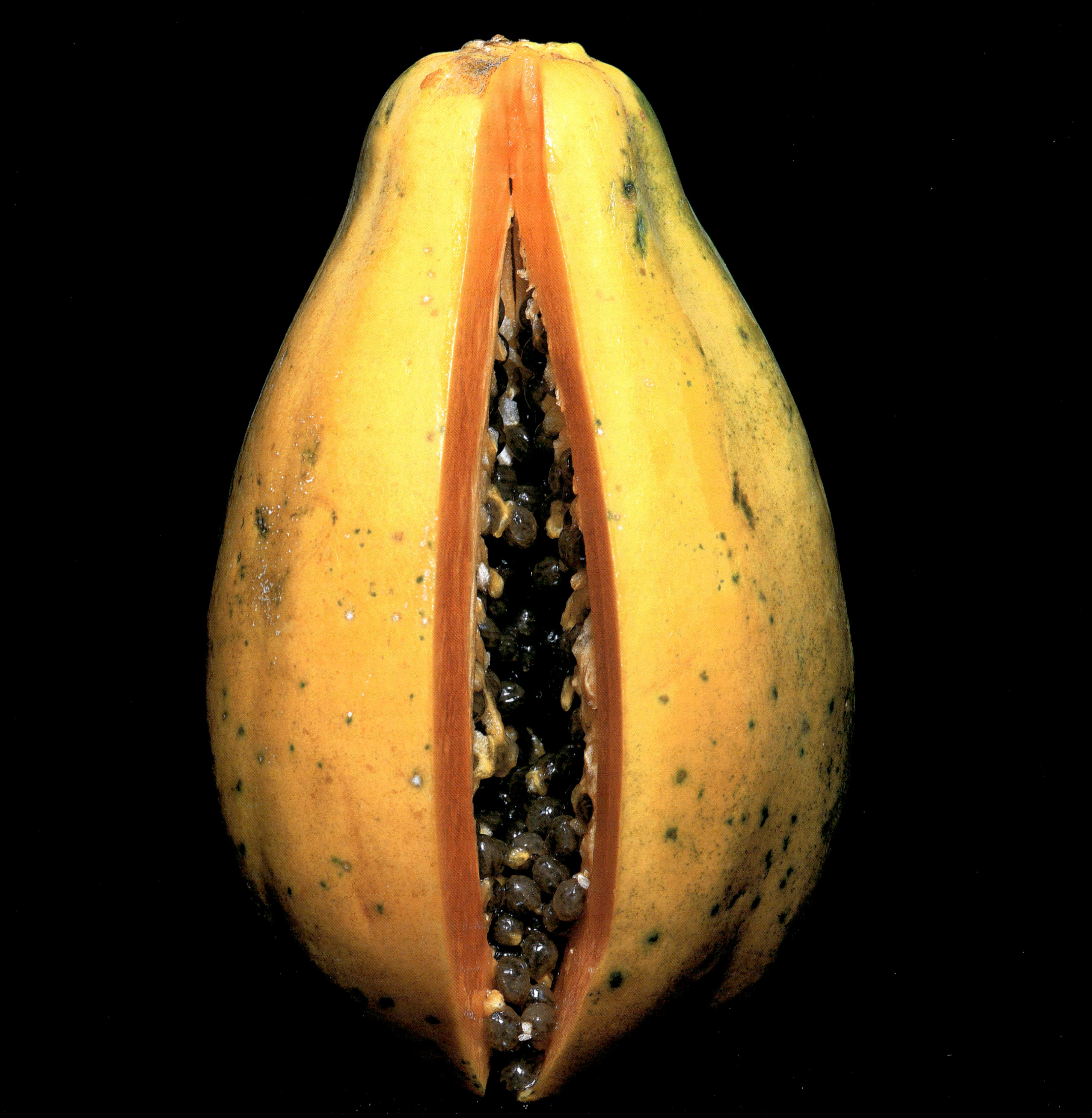

4

¡Qué dulce es el querer!

Se ha escrito -creo que la frase se asigna a Curnonsky en su libro *La table et l'amour*- que el amor es una golosina y, por eso, "cerca del lecho de los enamorados siempre deberán encontrarse a mano helados, frutas, dulcerías y pastas finas…".

¿Por qué esta proximidad entre cama, dulcería y, si es posible, un abanico de frutas y licores-elixir?

La respuesta, al sentir de los estudiosos, hay que buscarla en esa fluctuación que se da entre la boca alimentaria y la boca amorosa, pues a través de la primera se interpretan y traducen, se incrementan o se rechazan, los placeres del sexo. Y aunque para algunos, como J. J. Rousseau, "los dulces y las golosinas nunca pueden ser soporte de una sexualidad, el hombre estalla en su ansia por los alimentos, sobre todo dulces, y en los desplazamientos metafóricos que hace con ellos". La tan manida frase "luna de miel" es la expresión más acertada para los apasionados y dulces días de amor que viven, en fantasía de sexo, los recién casados.

Una de las manifestaciones costumbristas más interesantes de esta duplicidad boca-amor, o dulcería-sexo, la encontramos en una de las tradiciones dulceras más antiguas de Europa a la que el arqueólogo inglés John Aubrey (1626-1699), en sus manuscritos, califica de reliquia mágica. Se trata del llamado *dulce* o *pan de concha*, elaborado con masa dulce de pan que, en pequeñas porciones, se moldeaba apretándola contra la vulva femenina. Después de horneado se ofrecía al varón deseado y su "rendición" estaba asegurada. Esta transición, interpretada con otros condicionantes, tiene su vivencia actual en los coñinos de Oviedo (Asturias) y en los coñitos de Cuéllar (Segovia).

La humanidad, desde sus orígenes, usó las frutas dulces y carnosas, de frutos secos y de miel, no sólo como alimentos -es decir, nutrientes- sino también como medios propicios o propiciadores para situaciones de amor. La manzana, fruto del árbol prohibido en la tradición bíblica, se identifica con un claro, exponente de la sexualidad; del mismo modo que los higos, fruto de la higuera, tienen una clara connotación vulvar. Y algo parecido podríamos decir de almendras, avellanas, piñones… relacionados siempre con los testículos, por metáfora formal.

Aunque judíos y romanos tuvieron su influencia en una posible cocina erótica española, no cabe duda de que fueron los árabes -pueblo de arraigadas costumbres dulceras- quienes aportaron a nuestra cultura una enorme carga de historia dulcera y afrodisíaca. La elaboración de caramelos (*kuraht-al-mil*), de mazapanes (*mauthha-pan*), de alajús y de alfajores (*al-hasu*), de arropes (*ar-rub*), de alfeñiques (*al-fanid*), de almojábanas (*al-muyabban*)… son ejemplos sobrados de lo expuesto.

Más aún, no debemos dejar en el olvido la gran tradición dulcera que, con orígenes conventuales, tuvo finalmente una enorme proyección popular en ocasiones dirigida hacia situaciones un tanto picarescas. Así, el Arcipreste de Hita, en el *Libro de Buen Amor*, nos regala un largo rosario de especialidades entre dulceras, medicinales y eróticas con que las monjas de algunos conventos "estimulaban" a sus -digamos- amigos muy especiales.

¿Por qué este notable efecto afrodisíaco de lo dulce?

Si damos un repaso a cualquier recetario de repostería -sea nacional o internacional- observamos cómo entre los aromatizantes y potenciadores del gusto más utilizados figuran la canela, la vainilla, el azúcar vainillado, el anís, la menta… Y si de frutos se trata no pueden olvidarse las almendras, las avellanas, las nueces, los pistachos, los piñones… Los frutos carnosos como manzanas, peras, ciruelas, dátiles, plátanos… también tienen su carga de erotismo real o ficticio,… pero muy sabroso.

Las frutas y las dulcerías, entendidas como plato principal y como postre, dan galanura a la fiesta amorosa y transmiten un cierto mensaje espiritual cargado de sensualidad. Es el remate final de felicidad a una comida que insinúa placer; boca y beso en conjunción de deseos.

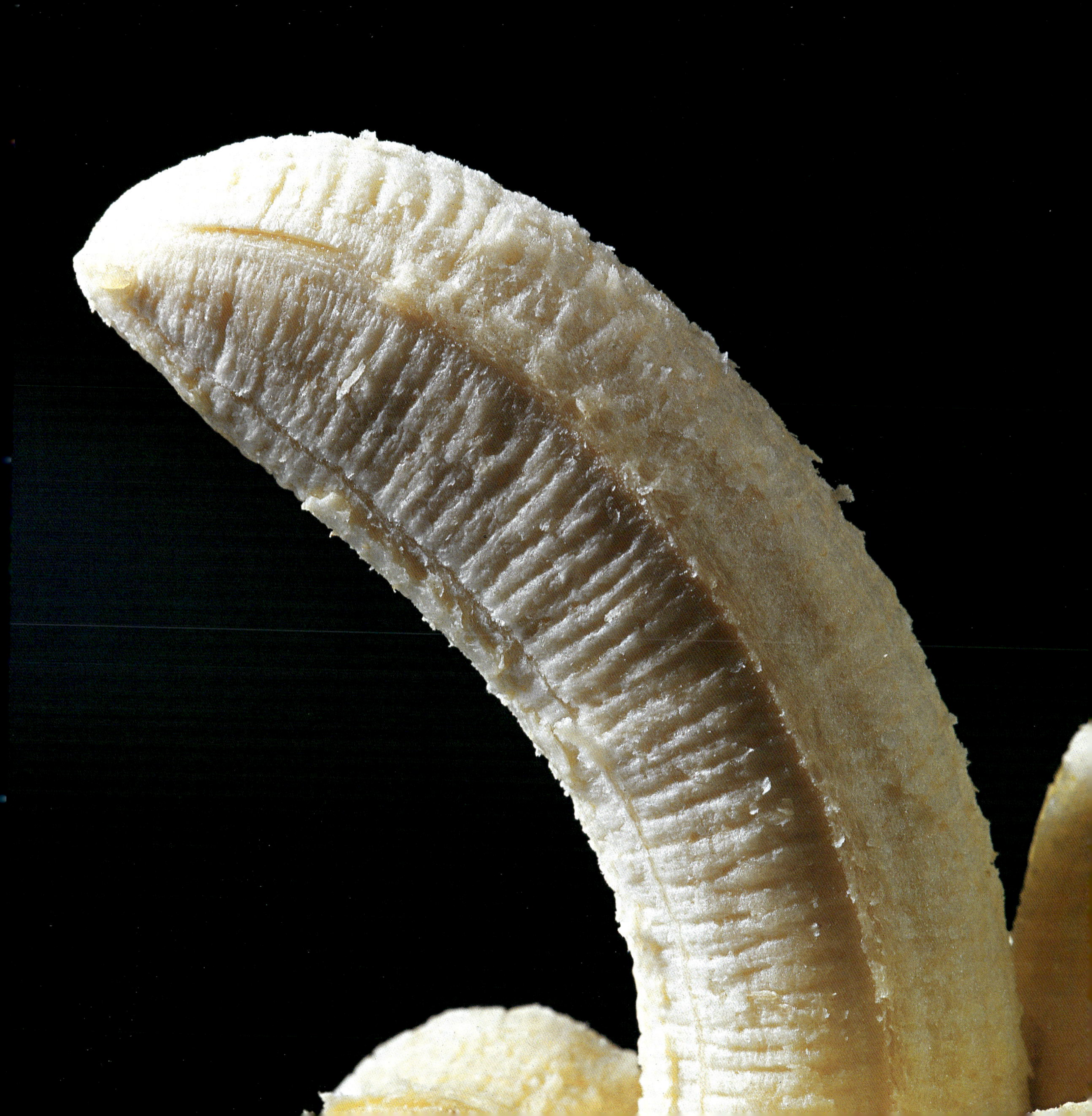

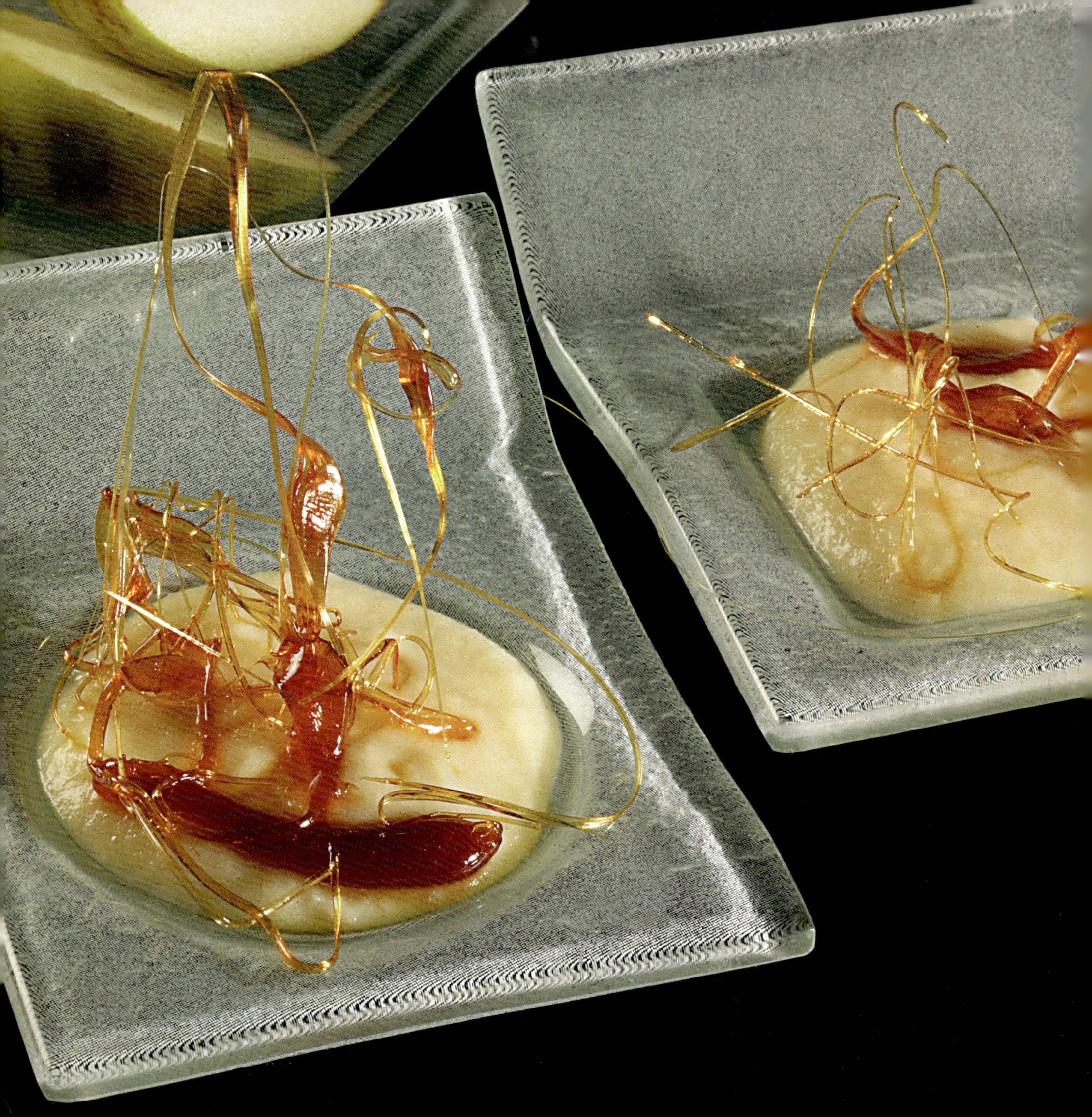

Crema de manzana al caramelo

Ingredientes

500 g de manzanas golden maduras
500 g de manzana reineta
225 g de azúcar
2 yemas de huevo
2 ramitas de canela
100 g de nata líquida
canela en polvo

Preparación

Las manzanas, peladas y exentas de corazones, se cortan en trozos medianos y cuecen en una cacerola con agua, azúcar y canela como si fuera para preparar compota. Ya cocida la manzana, se eliminan los palitos de canela.

Se mezclan las manzanas cocidas con las yemas de huevo batidas y la nata líquida, prosiguiendo la cocción a fuego muy suave durante 2 minutos escasos y removiendo con cuidado para que la mezcla homogeneice perfectamente. Ha de resultar una textura de crema fina y ligeramente espesa.

Se distribuye la crema en cuencos o copas adecuadas y, una vez fría, se espolvorea con una mezcla de azúcar y canela en polvo (al gusto) que se carameliza (requema) con un hierro al rojo.

Notas

El "requemado" del azúcar debe hacerse momentos antes de ofrecer el postre en la mesa.

Arte, manzana y nobleza

Hija de un judío, vendedor ambulante, Elise Rachel (1821-1858) pasó de ser artista de café de barrio a escalar las cumbres gloriosas del arte escénico, llegando a ser la intérprete más solicitada en el campo de la antigua tragedia clásica francesa. Mujer apasionada en el amor, dejó dos hijos naturales, siendo el mayor reconocido por el duque de Morny y considerado noble por Napoleón III. De la bellísima Rachel se cuenta que era gran consumidora de manzanas, tanto al natural como en preparaciones dulceras, a las que atribuía su pasión por la vida, por el amor y por el arte.

Ensalada oriental de naranjas

Ingredientes

4 naranjas grandes de calidad extra
1/4 l de agua
600 g de azúcar
6 hojas de menta
1 copa pequeña de agua de azahar
1 cs de granadina

Preparación

Se pela una de las naranjas, utilizando un cuchillo de buen corte, y la piel obtenida se corta en tiras muy finas tipo juliana. Se echan en una cacerola, cubiertas con agua fría, y se les da un hervor. Se escurren, se ponen de nuevo en agua fría y se repite el hervor. Esta operación debe hacerse cuatro veces.

En la cacerola se pone 1/4 litro de agua con el azúcar. Una vez al fuego y cuando alcance el punto de almíbar flojo, se añaden las tiras de naranja y se cuecen hasta que el líquido adquiera la textura de jarabe espeso y la piel de naranja resulte perfectamente confitada. Se rocía con un toque de granadina.

Se pelan las otras naranjas y junto con la primera se cortan todas en gajos, que se reparten en cuatro platos de servicio. Sobre ellos se distribuyen las pieles confitadas y se baña todo con un poco de almíbar al que se sumó agua de azahar. Se decora con hojas de menta picadas en dos o tres trozos.

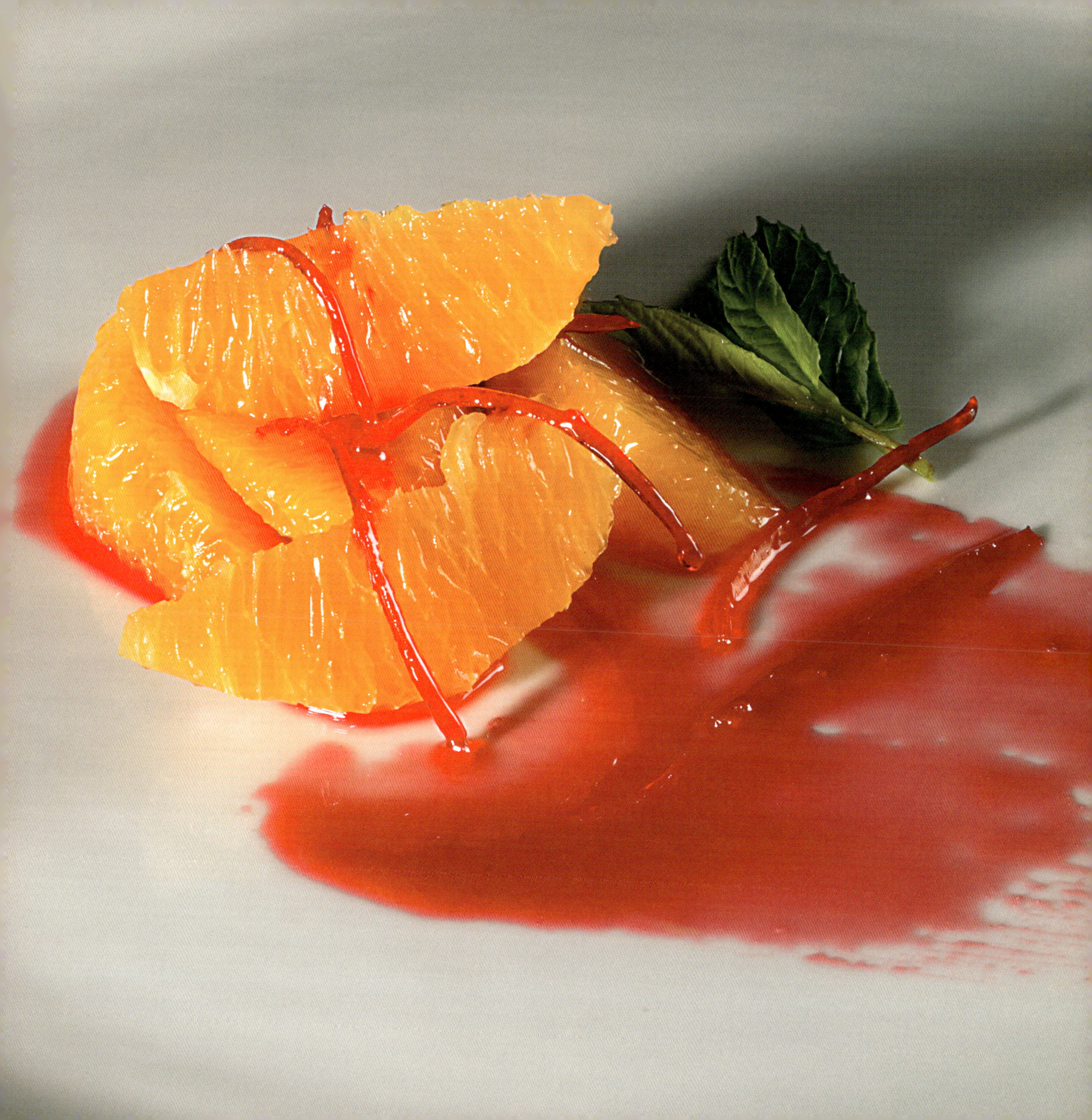

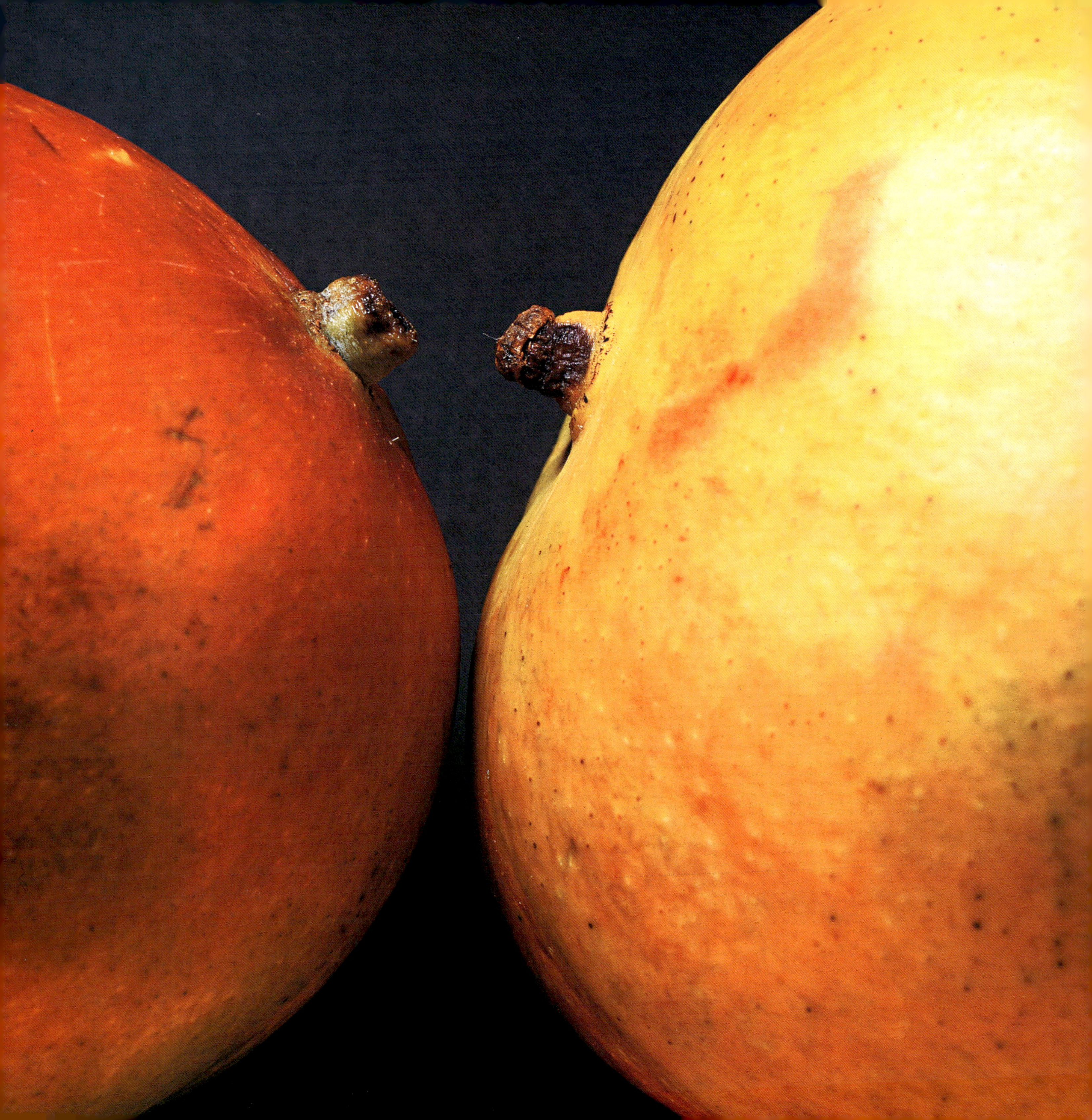

Espuma de mango

Ingredientes

2 mangos maduros
50 g de azúcar
3-4 hojas de gelatina neutra (cola de pescado)
un sifón ISSI
2 cápsulas de gas (CO_2)

Preparación

Se selecciona la pulpa de los mangos y, cortada en trozos pequeños, se tritura con la minipimer (o con la batidora de vaso); después, se pasa por el chino a fin de obtener un puré o papilla fina.

Se reblandecen en un poco de agua fría las hojas de gelatina y, después, se calientan al microondas para que se licúen. La gelatina y el azúcar se mezclan con la papilla de mango hasta conseguir un todo homogéneo.

La mezcla así obtenida se vierte en un sifón ISSI, provisto de dos cápsulas de gas, que enfría en un frigorífico normal durante 24 horas.

Para servir esta espuma se agita suavemente el sifón, y con sólo apretar la válvula ya sale el contenido. El servicio se ofrece en copa de cóctel, o en una tulipa de chocolate.

Nota
Esta espuma puede prepararse también con pulpa de papaya.

Buñuelos de manzana a la canela

Ingredientes

2 manzanas tipo reineta
1/4 l de leche
250 g de harina de trigo
25 g de levadura de panadería
2 huevos
1 vasito pequeño de nata líquida
azúcar, canela en polvo, sal, aceite

Preparación

En un bol se disponen los huevos batidos y la levadura con un toque de sal, removiendo bien con la varilla para que se mezcle todo. Después, y sin cesar de remover, se agrega lentamente la harina junto con la leche y la nata. Ha de resultar una especie de papilla espesita y muy homogénea. Reposa en sitio templado durante 30 minutos o algo más.

Las manzanas, peladas y exentas de corazones, se cortan en discos de no excesivo grosor. Tales discos se rebozan en la mezcla anterior y se fríen en aceite.

Los buñuelos se disponen sobre papel absorbente y, después, se colocan en una fuente de servicio espolvoreados con una mezcla de azúcar y canela, decorados en su parte central (el hueco del disco) con una cereza en almíbar.

Helado de vainilla y cerezas al Kirsch

Ingredientes

helado de vainilla
12 cerezas
azúcar
Kirsch
crema chantillí

Preparación

Las cerezas, exentas de pepita, se echan en un bol adecuado y maceran en el *Kirsch* durante 1 hora aproximadamente. Se retiran, escurren y pasan por azúcar, debiendo quedar bien envueltas en ella. Se reservan.

En una copa ancha de servicio se disponen dos bolas de helado de vainilla (que se bañan con un poco del *Kirsch* de maceración), y sobre ellas, haciendo corona, se colocan 6 cerezas.

Se culmina la presentación con una colina de crema chantillí, que adorna la parte central del helado.

Matrimonio con vainilla y cerezas

Todo el mundo dice que era italiana, pero no hay tal. Adelina Patti, la célebre cantante de ópera del siglo XIX, era madrileña, pues en los días de su nacimiento su madre, Catalina Chiesa, estaba contratada como *prima donna* en el Circo de Madrid. La vida de la Patti estuvo marcada por el éxito, por la multiplicidad de sus matrimonios (marqués de Caux, el tenor Nicolini, el barón de Felderbrunn) y por su afición a las dulcerías con helado de vainilla y adornos de cerezas en aguardiente.

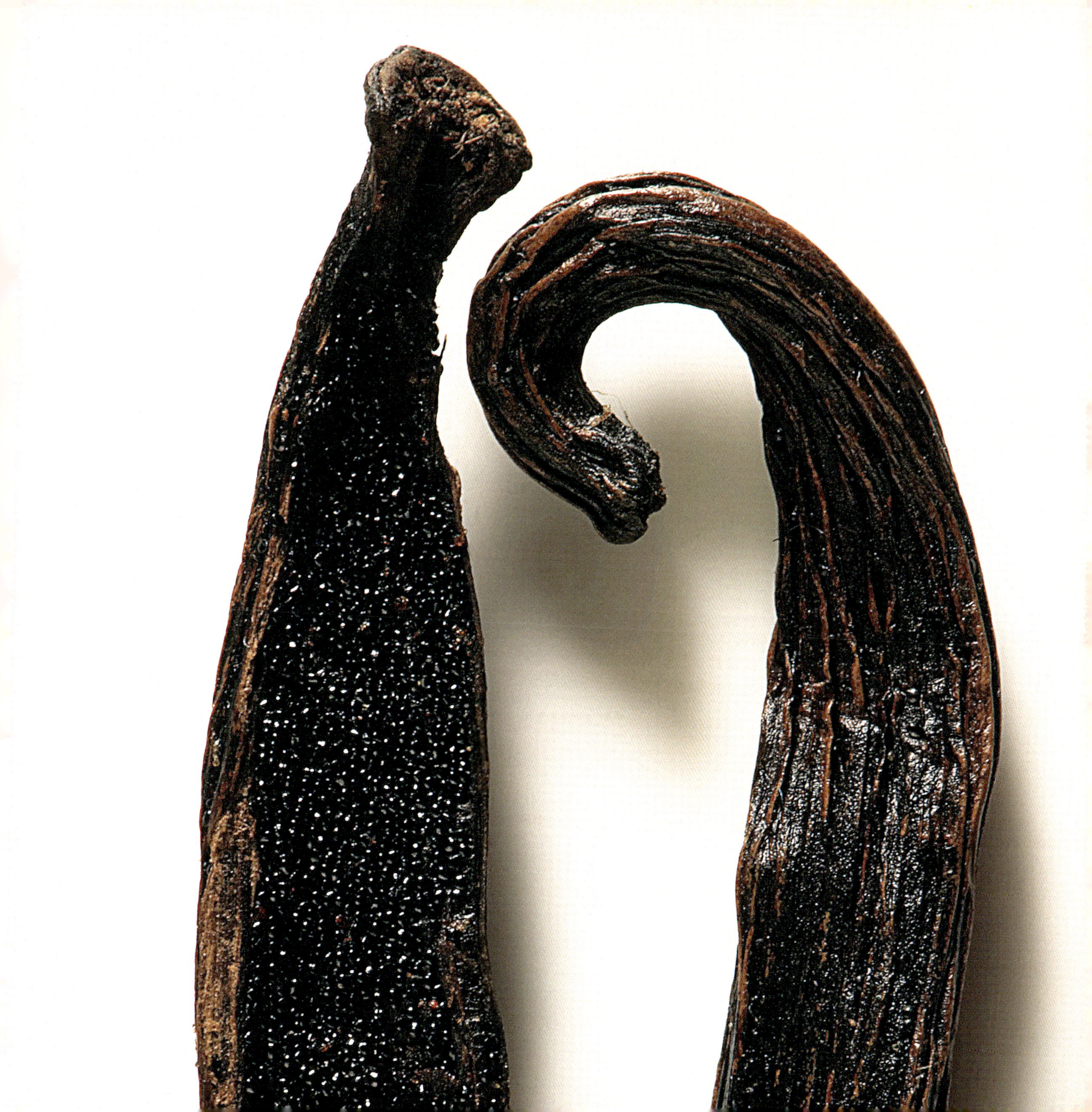

Macedonia de frutos del bosque

Ingredientes

1 mango maduro
100 g de arándanos
100 g de frambuesas
100 g de grosellas
100 g de fresas
50 g de moras (zarzamoras)
1 copita de moscatel o de Oporto
3 hojas de menta
zumo de una lima
azúcar (al gusto)

Preparación

En un cazo, con un poco de agua, se cuecen las moras. Ya cocidas, se retiran, trituran y pasan por el chino para eliminar las pepitas. El puré de moras se mezcla con el azúcar, el zumo de lima y la copita de Oporto; se añaden 3 ó 4 cucharadas del agua de cocer las moras y se mezcla todo muy bien, debiendo resultar una especie de salsa muy ligera.

En una fuente redonda (y blanca) se disponen, mezcladas, todas las frutas indicadas alternando con trozos de mango (previamente pelado y exento de pepitas) en forma de gajo, cuyo color amarillo debe destacar de manera muy acusada en contraste con el rojo de las otras frutas.

Se bañan las frutas con la salsa de moras, y la macedonia obtenida enfría en el frigorífico durante 1 ó 2 horas para adornar, en el momento de servir, con un espolvoreo de menta muy picadita.

Postres penitenciales

Pobreza, obediencia y castidad fueron y son objeto de promesa votiva en todas las Órdenes y congregaciones religiosas; otra cosa es que su cumplimiento no siempre se ajustara exactamente a las reglas establecidas, y que por el aquel de que la carne es flaca... pues eso. Para estimular el cumplimiento de la castidad y de la pobreza, especialmente en los días penitenciales de Cuaresma, solían aconsejarse como postre aquellos productos que evocaran el color oscuro, marrón o pardinegro de los hábitos monacales. Higos pasos, ciruelas pasas, almendras, avellanas, canela... Lo malo del caso es que tales frutos son considerados afrodisíacos y, claro, ¿qué vamos a contar?

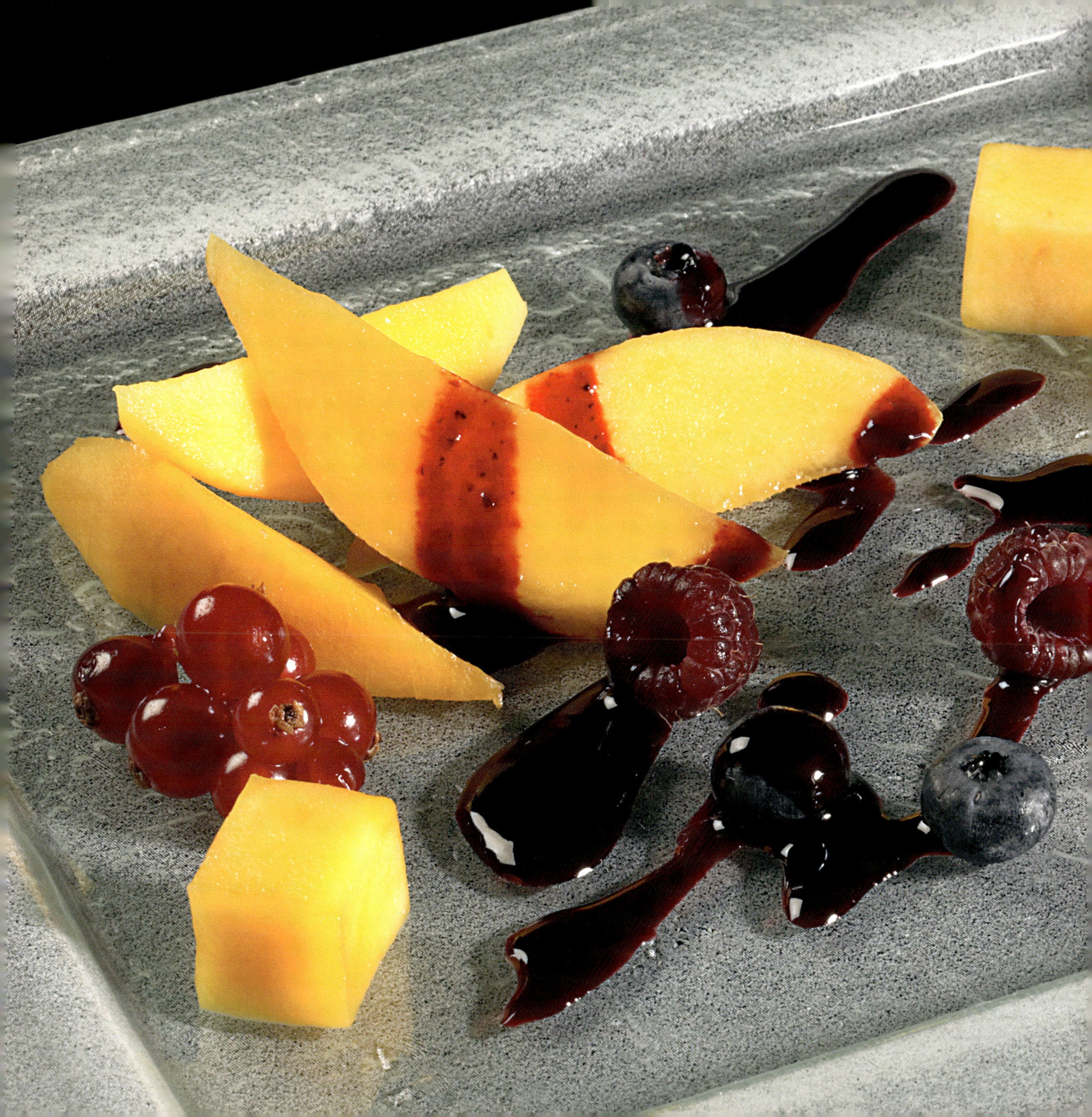

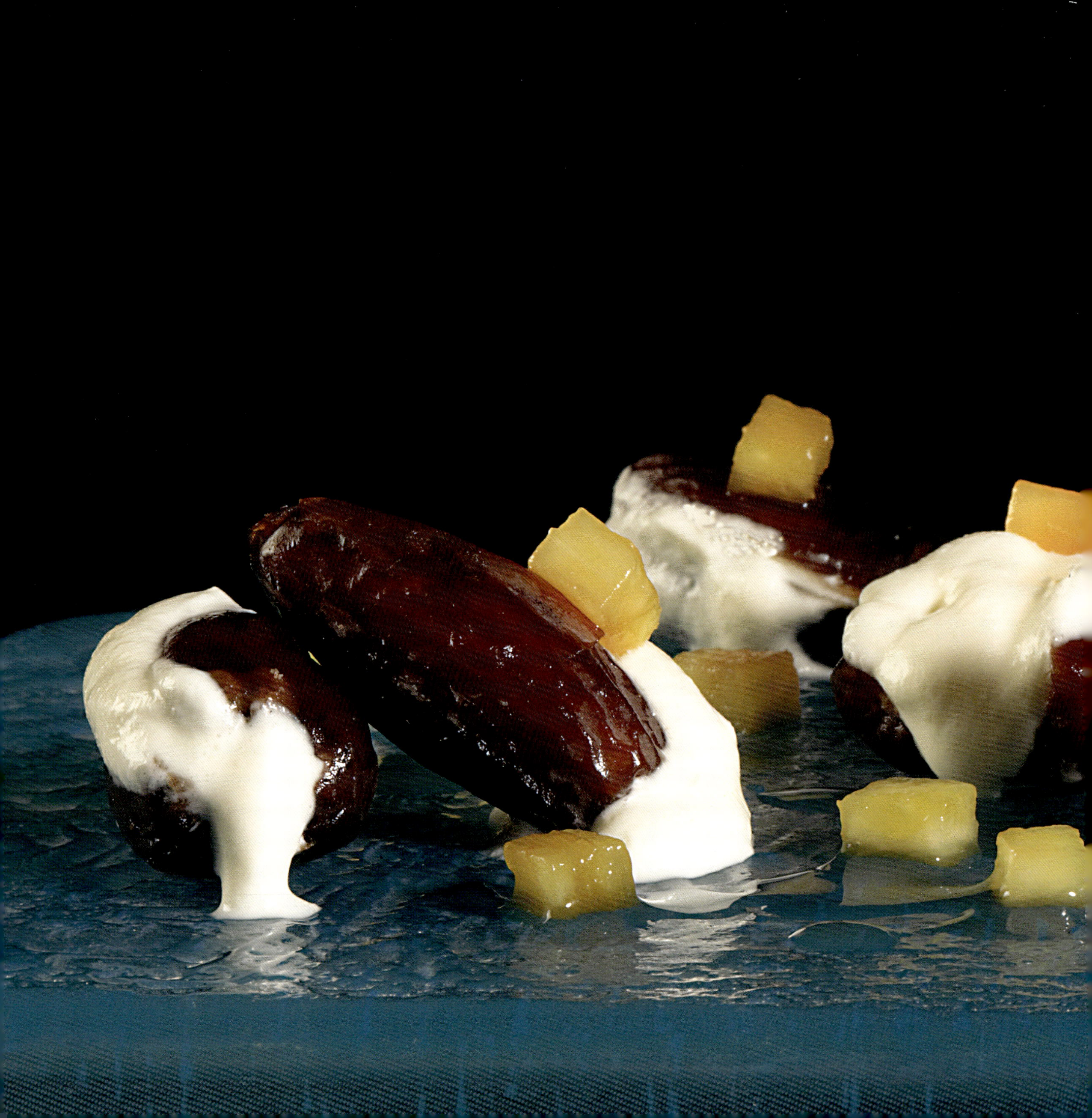

Piña natural y dátiles al aroma de Oporto

Ingredientes

1 piña natural
dátiles
nata montada azucarada
fresas naturales maduras
vino de Oporto (el que se precise)

Preparación

Se pela la piña y se corta en discos más bien finos a los que se elimina la parte central dura y leñosa. Estos discos, dispuestos en una fuente adecuada, se bañan con un vino de Oporto y se dejan que maceran en él durante unos 30 minutos.

En platos de servicio individuales se colocan tres discos de piña decorados en su hueco con un pico de nata montada, cuyo vértice se corona con una fresa pequeña. En los dos bordes laterales de cada disco se dispone un dátil deshuesado y relleno de nata montada.

Nota

El Oporto puede sustituirse por un madeira o un Pedro Ximénez.

Piña natural con helado de vainilla y baño de licor

Ingredientes

1 piña natural
helado de vainilla
licor tipo Cointreau, Chartreuse, Calisay, Curaçao... (al gusto)

Preparación

Se selecciona la carne de la piña, eliminando la piel y la parte central leñosa. Resérvese el jugo natural que suelta.

Córtense lonchas circulares, tipo aro, no demasiado gruesas, que se bañan con el propio jugo que soltó la piña.

En la parte central hueca de cada aro de piña se dispone una bola de helado de vainilla y el conjunto se aromatiza, al baño suave, con un rocío de licor.

Plátanos al aroma de ron y grosella

Ingredientes

4 plátanos
50 g de mantequilla muy fresca
1 vaso de ron añejo
pan rallado muy fino
jalea de grosella (o de frambuesa, si se desea)

Preparación

Se pelan los plátanos y, enteros, maceran en el ron durante una hora y media o dos horas. Se retiran, escurren y rebozan en pan rallado.

Se echa la mantequilla en una sartén, que se pone al fuego, y, cuando esté bien caliente, se fríen en ella los plátanos hasta que ofrezcan un atractivo color dorado. Ya fritos, se distribuyen, uno a uno, en platos de servicio.

Aparte se mezclan muy bien el ron de maceración y unas cuatro cucharadas de jalea de grosella, calentando suavemente esta mezcla en una cacerola. Con ella se bañan los plátanos. Se sirven, entre templados y calientes, inmediatamente.

Nota

La jalea de grosella puede sustituirse por otra de frambuesa o de fresa. Los frutos rojos insinúan el tentador color de unos labios femeninos.

Perfume en los guantes y en los dulces

El apellido Frangipani, muy vinculado a la nobleza romana desde el siglo IX, siempre gozó de gran influencia en los pasillos vaticanos hasta bien entrado el siglo XIV, siendo decisivo alguno de sus miembros en el resultado de las elecciones papales. El marqués de Frangipani, mariscal de los ejércitos del rey Luis XIII de Francia, inventó una pomada, elaborada a base de especias, almendra, lirio de Florencia y almizcle, para perfumar las pieles con las que se fabricaban los guantes para señoras. Pasado el tiempo, se pensó en aromatizar de modo análogo algunas cremas para pasteles con el fin de darles un cierto contenido erótico. Nació así la crema "frangipane" o "franchipana".

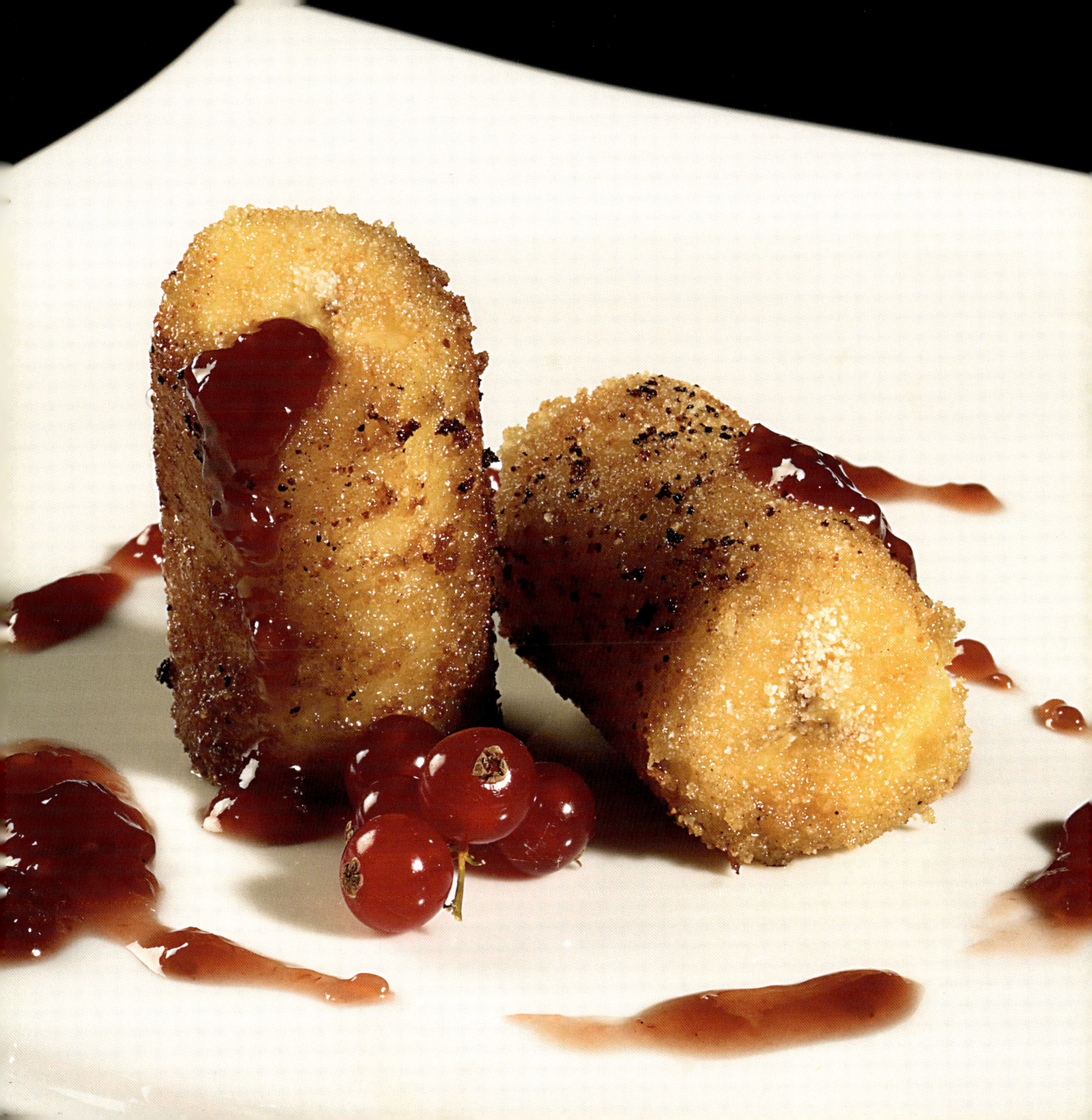

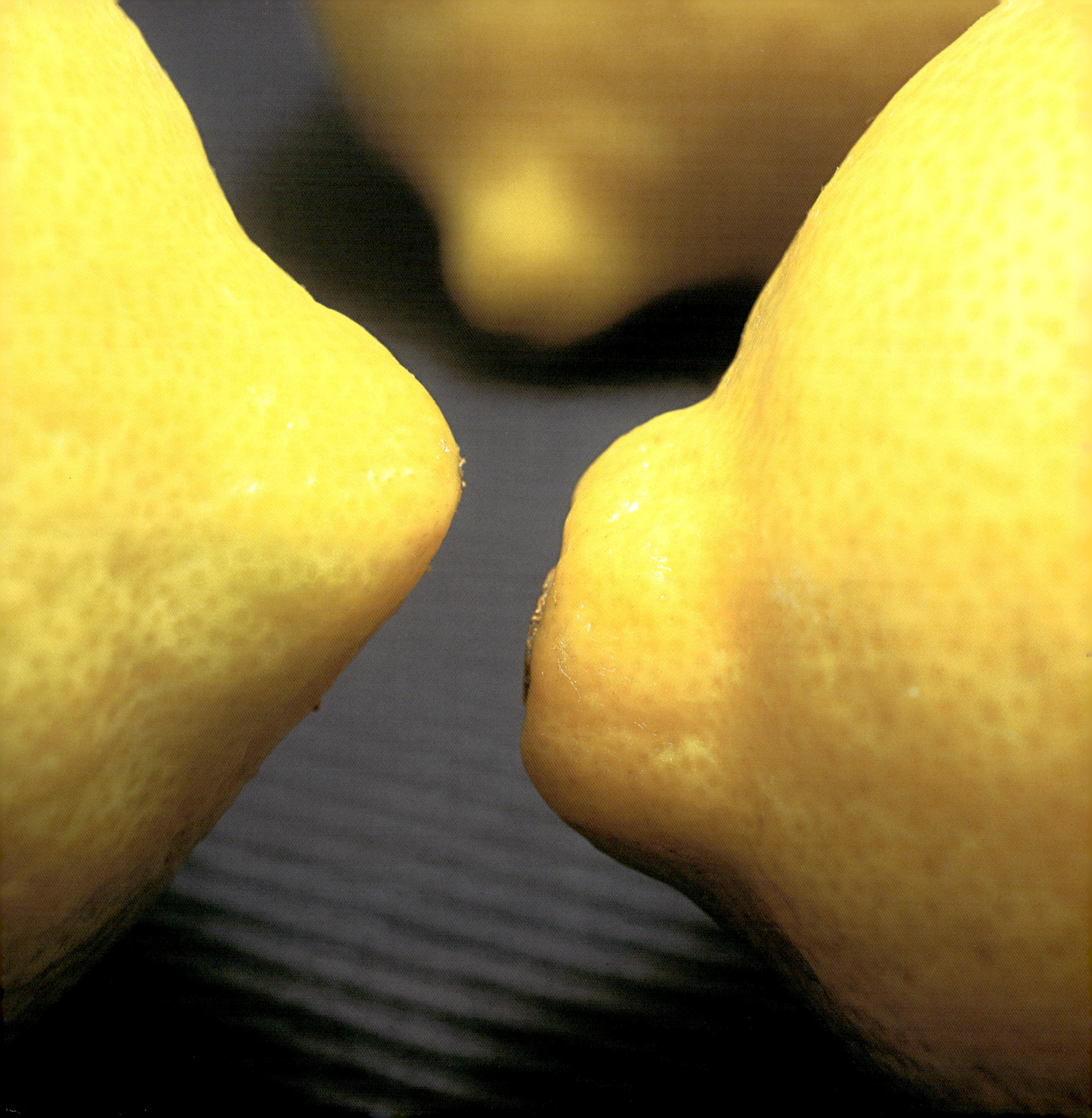

Sorbete de limón al cava

Ingredientes

1/4 l de zumo de limón
2 claras de huevo
2 hojas de menta
la piel de 1 limón cortada en juliana
azúcar (al gusto)

Preparación

En un cazo grande, dispuesto con 3/4 l de agua, se echa el azúcar y da unos hervores hasta que empiece a formarse un almíbar flojo. Se aparta del fuego y cuando esté templado se añaden el zumo y la piel de limón, dejando enfriar en sitio fresco.

Cuando esté bien fría la mezcla anterior, se cuela y el líquido obtenido se dispone en un recipiente adecuado y se lleva al congelador durante un mínimo de 3 horas. Se retira, se bate para romper los cristales formados y vuelve de nuevo a congelar durante otros 30 minutos.

Se retira otra vez y, removiendo de continuo, se le suman las claras de huevo batidas a punto de nieve fuerte. Ya bien hecha la mezcla, va de nuevo al congelador.

Una hora antes de servir, el sorbete se retira del congelador y se pasa al frigorífico; así, se reblandece lo suficiente. En el momento de servicio se rocía con una copita de buen cava y se adorna con una hojita de menta muy fresca y muy verde.

Una disculpa muy de la época

El cardenal y político Guillaume Dubois (1656-1723) fue uno de los personajes más influyentes en la corte francesa de ese tiempo. Su conducta, indigna de un príncipe de la Iglesia, fue casi siempre motivo de escándalo; en cambio, como hombre de Estado fue riguroso y eficaz en el arte de gobernar en beneficio de su país. Dícese de él que confesó en sus Memoires secrets (recogidas por Sevelinges en 1816), el haber sido el fruto de un filtro de amor bebido por su madre. Hay que aclarar que su padre, Jean Dubois, era médico y farmacéutico, por lo que al cardenal, en tono despectivo, se le llamaba "el hijo del boticario".

Sorpresa de helado, melocotón y grosella

Ingredientes

helado de vainilla
helado de fresa
melocotón en almíbar
jalea de grosellas
almendra picada fina

Preparación

En una copa ancha y de buen fondo se disponen dos mitades de melocotón en almíbar, con la parte cóncava hacia arriba, y se rellenan: una, con una bola de helado de vainilla; la otra, con una bola de helado de fresa.

Montado sobre las dos bolas de helado se coloca medio melocotón a modo de sombrero (con la parte cóncava hacia abajo), y el conjunto se baña, cubriéndolo, con jalea de grosella.

En el momento de ofrecer el postre en la mesa se espolvorea con almendra picada fina muy crujiente.

Un polvo muy placentero

Cuéntase que fueron los españoles conquistadores de México los primeros en disfrutar del sabor de la vainilla, al ver cómo los aztecas aromatizaban con ella su bebida más apreciada: el chocolate. La vainilla, que se recolecta en vainas que después se secan, suele venderse como molida (vainilla en polvo) y, en ocasiones, mezclando este polvo con azúcar (azúcar vainillado) a la que aromatiza.

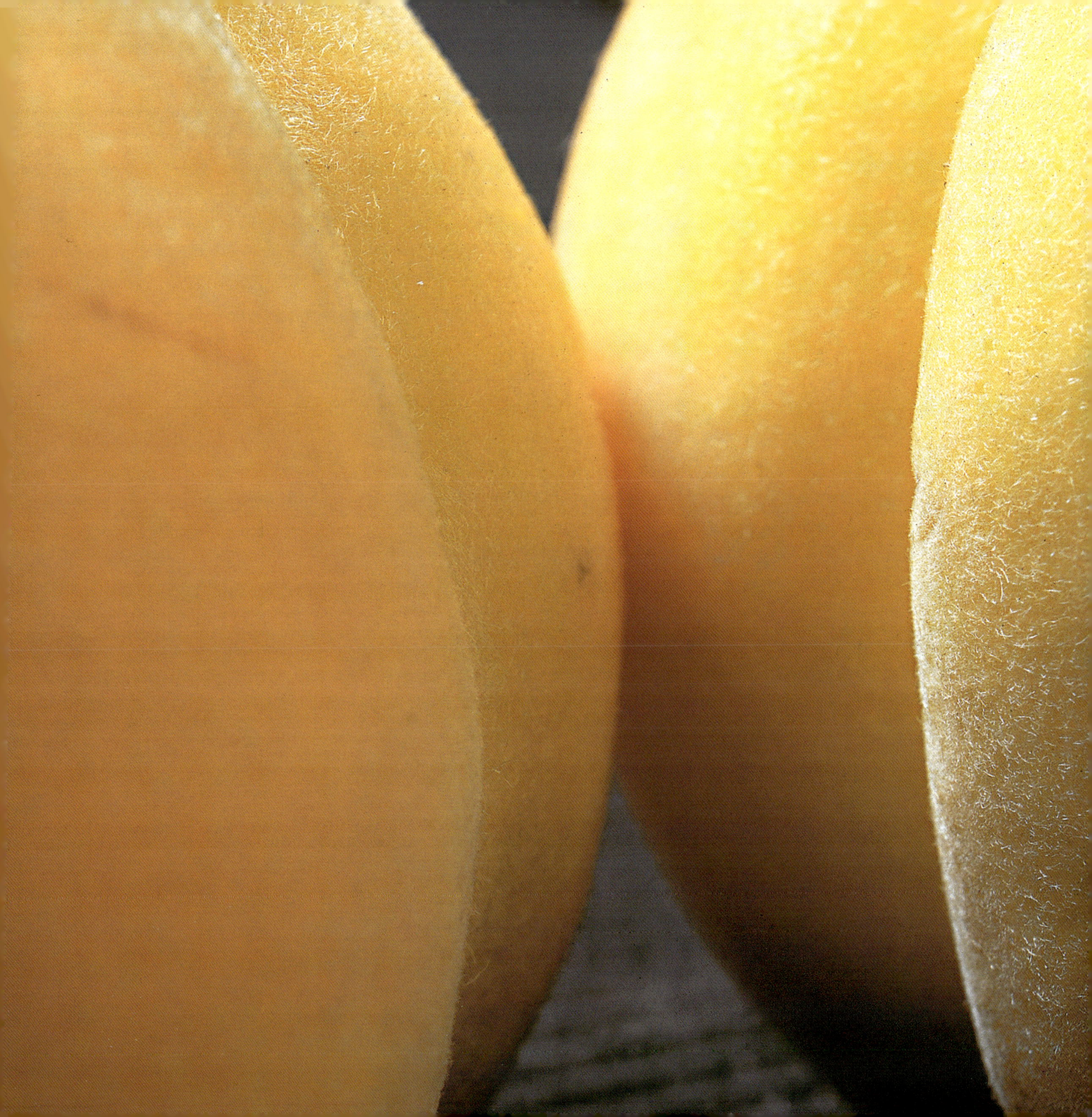

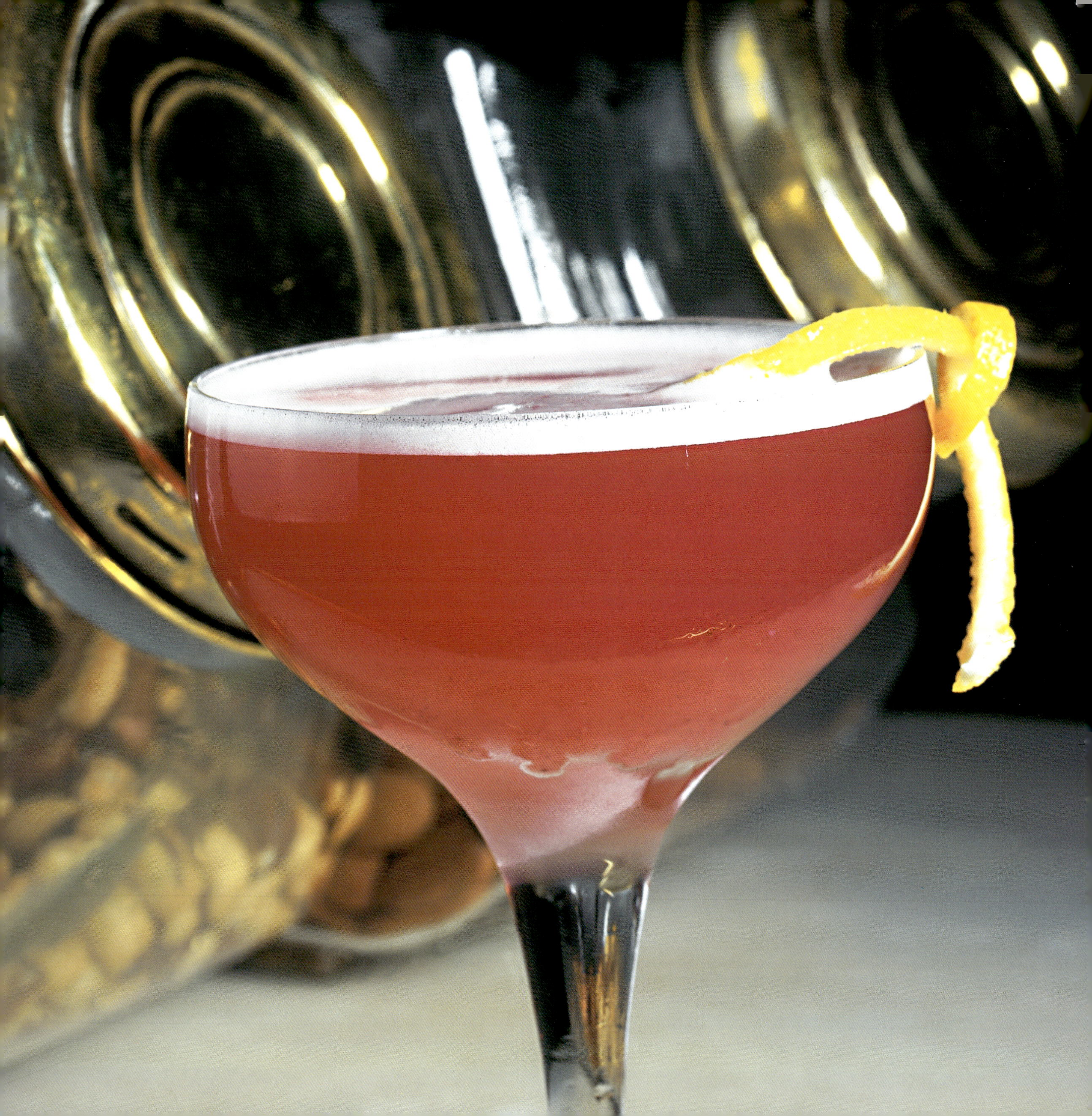

5

Vinos, elixires, licores
filtros de amor

El deseo de amar y de ser amado fue y es un sentimiento permanente a lo largo de todos los tiempos y en todas las culturas. El vino, como alimento y como sustancia que puede influir -e influye- en la conducta humana, ha sido uno de los productos más sacralizados, y también más condenados, en todas las manifestaciones religiosas y costumbristas de los pueblos desde su historia más primitiva.

El vino, y con él sus derivados, es "oblación de sacrificio ante el altar de Dios" (Gén. 29, 39-41); es "medicina para los tristes y deprimidos" (Prov. 31, 6-7); es "bálsamo para las heridas" (Luc. 10, 34) y, bebido con moderación, "alegría del corazón y del espíritu" (Eccl. 30, 36).

Son citas bíblicas que, a modo de ejemplo, nos retratan el sentir de unas creencias que siguen teniendo actualidad de hoy. Porque el amor, no cabe duda, es en muchos casos causa de tristeza y de depresión, de heridas en el sentimiento y de deseos incumplidos que abaten el corazón y el espíritu.

¡Cuántas veces y en cuántas narraciones se ha hablado de los antiquísimos y cuasi demoníacos filtros de amor! La palabra filtro en su etimología griega -philtron- significa "atractivo de amor", lo que conlleva a entenderla como bebida o composición de la que se supone podía conciliar el amor de una persona. Desde la más remota antigüedad -y esto se da en cualquier tipo de civilizaciones- han existido personas poseedoras de los secretos de algunas plantas y de otras sustancias minerales y animales a las que se les atribuía un cierto poder afrodisíaco y que tratadas por ellas mediante la acción de un ser superior podían conseguir la salud, la riqueza, el amor, la posesión de la voluntad… Brujos y brujas, hechiceros, adivinos, ensalmadores, saludadores… manejaban con arte de engaño sus brebajes que, al decir de quienes los adquirían, eran poseedores del poder divino y, como tales, eficaces en el logro de deseos.

En algunos casos se utilizaban plantas con efectos psicotrópicos y alucinógenos; en otros, sustancias irritantes; tampoco faltaban aquéllas que por su rareza se creían supranaturales… Basta dar una lectura a algunos tratados de demonología referentes a historias de la Edad Media, y podríamos decir que hasta bien entrado el siglo XVIII, para darnos cuenta de la gran influencia que estos filtros de amor tuvieron en las gentes y en la política de los pueblos. Hasta se llegó a decir que la muerte de algún rey español fue debida a la ingesta de ciertos brebajes suministrados por la reina, o por alguna de sus amantes, para asegurar la descendencia real… o un buen rato de placer en la cama.

Y de los filtros de amor pasamos a los elixires y licores afrodisíacos o supuestamente afrodisíacos.

La palabra elixir, en sus orígenes, se asoció a la de medicamento que puede aliviar, entre otros, males y dolencias de amor; y la de licor, a toda composición líquida obtenida normalmente por destilación.

Se dice que las artes de destilación ya eran conocidas en el viejo Egipto, y que en obras de antiguos alquimistas se describen diversos tipos de alambiques como la crisopea o alambique de Cleopatra, los alambiques de Zosimo (siglo III) y de Sinesio (siglo V) y, por supuesto, los más sofisticados correspondientes ya a la Edad Media.

Probablemente fueron los árabes quienes trajeron a España los métodos y técnicas de la destilación del vino para la obtención de alcohol etílico (*al-kohol* significa "lo más sublime o quintaesencia"), al que los alquimistas dieron en llamar con otros nombres para evitar problemas con la Inquisición. Así, Gleber utilizó la expresión *aqua vitae*, Basilio Valentín la de *spiritus vini* y Aranau de Vilanova y Raimundo Lulio lo calificaron como *consolaito ultima corporis humani* ("último consuelo del cuerpo humano").

Italia -así es la historia- es la cuna de los elixires y licores, no con destino de medicamento, sino como productos de alegría para el paladar y para el corazón. Y para el amor, por supuesto. En Italia, en tiempos de los Médicis, aparecen los primeros *liquori* que, siempre con una base de aguardiente, engalanan sus sabores con la adición de sustancias dulces y aromáticas normalmente procedentes de plantas. Y de Italia la costumbre licorera se extiende al resto de Europa merced al matrimonio, en 1533, de Catalina de Médicis con Enrique II de Francia. Y de la corte, pasa el arte de la licorería a los monasterios (Benedictine, Chartreuse…); y de los monacatos se generaliza al pueblo fiel.

Cobran así leyenda de amor los hidromieles y las alojas, las clareas y los hipocrás, las ratafías y los rosolís…

En todos hay una combinación incitante de alcohol, aroma y dulzores.

Ratafía de hojas de guindo

Ingredientes

2 l de aguardiente de vino
150 g de hojas de guindo (verdes, tiernas y sin rabito)
2 palitos de canela
1 clavo de especia
jarabe de azúcar

Preparación

En una jarra grande de vidrio maceran en aguardiente, durante 9 lunas, las hojas de guindo y las especias. Conviene que la jarra esté bien tapada y revolver de vez en cuando el conjunto. La maceración ha de efectuarse en sitio oscuro y fresco.

Se filtra adecuadamente y el filtrado, que ha de tener un color verde pálido, se edulcora con jarabe de azúcar (al gusto). Reposa durante 9 días y se embotella en frascos de licor.

Se sirve a temperatura ambiente en copitas enfriadas en el congelador.

¡Toma canela (en polvo o en rama)!

Son muchos los que califican a la canela como el afrodisíaco por excelencia, afirmando que "es la especia que encierra en su delicado aroma todas las galanuras de la sexualidad y del amor". Su uso como planta medicinal y afrodisíaca ya consta en documentos chinos del año 2700 antes de Cristo.

Rosolí de Turín

Receta del repostero español del siglo XVIII don Juan de la Mata, cuyo texto transcribimos literalmente.

«Hacese éste por destilación; hasta la mitad de buen vino blanco, y delicado, a lo que se añadirá a correspondencia Canela, Nuez de Especia, y Clavo de Especia, con Azúcar lo suficiente para dulcificarle, y alguna Agua olorosa como de Azar, de Jazmín, o Suberosa, u otra, y bien cubierto con su refrigerante, se destilara en el modo ordinario, como el Aguardiente; pero se advierte que el fuego ha de ser corto; de esta destilación sale un rosolí muy claro, y se conserva tanto quanto se quisiere; si no se quisieren echar las aguas olorosas en su lugar se podrán conservar por la propia flor metida dentro del Alambique, bien limpias, para dar el gusto del Ambar, u otro, y destilado, se guarda en botellas, y se podrá usar de ello».

Una fórmula de comienzos del siglo XX aconseja preparar así este rosolí:

Ingredientes

10 l de aguardiente de vino
250 g de pétalos de rosas muy olorosas
125 g de flores de azahar
8 g de canela
30 clavos de especia
azúcar al gusto

Preparación

En una garrafa grande, de vidrio, maceran durante 9 días todos los ingredientes citados, excepto el azúcar.

Pasado este tiempo se prepara un jarabe de azúcar y se mezcla con el líquido de maceración previamente filtrado. Se le añaden una gotas de esencia de jazmín, se agita para mezclar bien y se embotella adecuadamente. Reposa otros 9 días, y ya está apto para el consumo.

Elixir de amor

Ingredientes

1 l de aguardiente
500 g de azúcar
5 g de mirra
5 g de canela
5 g de clavos de especia
2 g de nuez moscada
azafrán (1 sobrecito de hebras)
un toque de genciana (si gusta ese sabor)

Preparación

En una botella adecuada se mezclan todos los ingredientes. Se cierra bien la botella con un corcho y el conjunto macera en lugar oscuro, reposado y tranquilo durante 3 lunas (unos 20 días). Conviene agitar suavemente la botella cada 3 días.

Pasado el tiempo de maceración, se filtra y embotella el licor en frascos apropiados.

Se sirve en copitas frías, adornado con medias rodajitas muy finas de naranja.

Elixir de la alegría

Ingredientes

1 copa de licor Curaçao (unos 50 cm^3), 50 g de azúcar moreno
1 toque de pimienta y de nuez moscada, 1/2 ct de canela en polvo
la cáscara de 1 limón en una tira larga y enroscada
agua hirviendo

Preparación

En un recipiente adecuado de vidrio se echa el Curaçao, y en él se mezclan perfectamente el azúcar, la canela, la pimienta y la nuez moscada hasta formar un todo homogéneo.

En una copa de vidrio resistente al calor se dispone, enrollada, la tira de piel de limón y se echa agua caliente hasta la mitad de su capacidad, terminando el llenado con la mitad del preparado anterior. Se agita suavemente con cucharilla y se sirve de inmediato.

Nota

Se dice que este preparado tiene altas propiedades reconstituyentes y un tanto afrodisíacas. Ha de elaborarse en el mismo momento de servicio.

Nuez moscada y macis

La nuez moscada es la semilla del árbol *Myristica fragrans;* el macis es la cubierta exterior de tal semilla. Las propiedades del macis son menos intensas que las de la nuez moscada; pero, ¡ojo!, téngase en cuenta que incluso en dosis moderadas ambos productos pueden provocar situaciones de ansiedad, fantasías, alucinaciones, ilusiones visuales... siempre molestas.

Leche de Venus

Ingredientes

1/2 l de anisete de Burdeos (tipo Marie Brizard)

Para el licor de canela:
1/4 l de aguardiente
50 g de canela en rama (partida en trozos)
2 clavos de especia

Para el licor de clavo:
1/4 l de aguardiente
6 clavos de especia
1 ct de agua de azahar
1 ct de agua de rosas

Preparación

El licor de canela se elabora macerando en aguardiente la canela y los clavos de especia. Después de 9 días de maceración, se filtra y reserva.

El licor de clavo se prepara del mismo modo que el de canela. Maceran los ingredientes en aguardiente durante 9 días, se filtra y reserva el filtrado.

Para preparar la leche de Venus se mezclan el licor de canela, el de clavo y el anisete. Se agita bien para homogeneizar aromas y sabores y reposa un mínimo de 24 horas.

Se sirve en copas de *Martini* con un granizado de hielo.

Licor de pétalos de rosas

Ingredientes

200 g de pétalos de rosas rojas, muy olorosas
350 g de azúcar de caña moreno
750 cm³ de aguardiente
250 cm³ de agua
12 hojas de geranio aromático (opcional)
1 vaina de vainilla

Preparación

Se echa el agua en un cazo y se mezcla con el azúcar y la vaina de vainilla. Puesto al fuego, va dando hervores hasta conseguir un almíbar más bien ligero. Se aparta del fuego y, ya templado, se le retira la vainilla.

Se añaden al almíbar los pétalos de rosa y las hojas de geranio, y puesto de nuevo al fuego da unos hervores durante 5 minutos. Se retira y se deja enfriar.

El almíbar con los pétalos y las hojas de geranio se mezclan con el aguardiente; se pasa el líquido a una botella y, perfectamente cerrada, reposa en sitio fresco y oscuro durante un mínimo de 30 días. Conviene remover cada 5 días.

Pasado ese tiempo de reposo se filtra el licor y se vierte en frascos apropiados. Reposa nueve días más y ya está dispuesto para el consumo. Se sirve muy fresco (no helado).

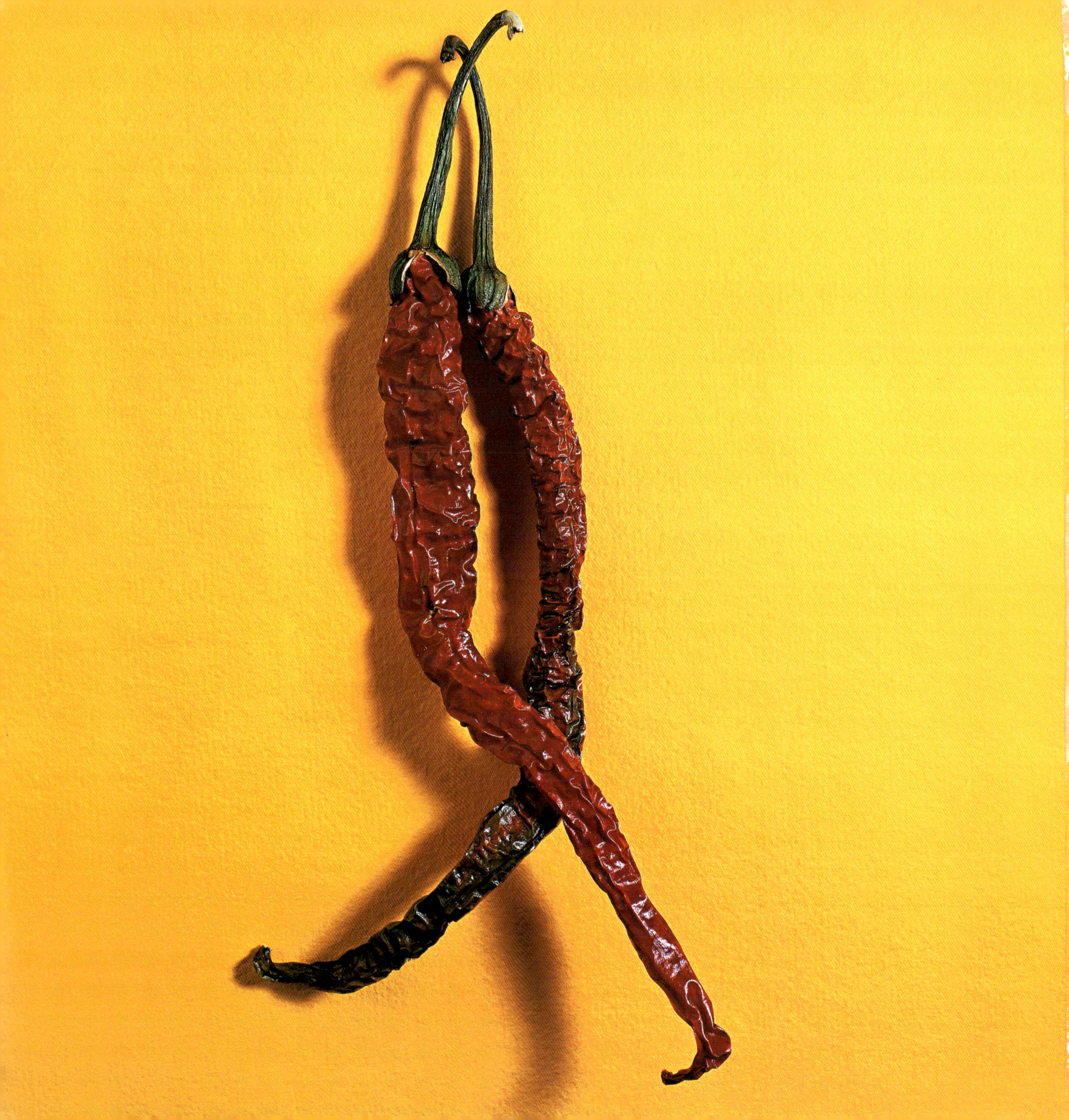